IR을 잘한다는 것

국립중앙도서관 출판예정도서목록(CIP)

IR을 잘한다는 것 = The professional investor relations / 지은이: 지대현. — 서울 : 부코, 2016
    p. ;   cm

IR는 "Investor Relations"의 약어임
권말부록: 동아제약 분할이야기 등
ISBN 978-89-90509-47-5 13320 : ₩23000

기업 경영[企業經營]
상장(증권)[上場]

325.1-KDC6
658.4-DDC23   CIP2016011181

IR을 잘한다는 것

부코

들어가며

2013년 어느 겨울 금요일 오후,
신사동 국민연금빌딩 바로 옆의 C커피전문점 2층.

동아제약 부사장, 기획실장 그리고 당시 IR담당 이사였던
필자가 초조한 마음으로 시계를 들여다보고 있다. 이제 곧
국민연금에서 이번 동아제약의 분할에 대한 찬반이 결정될
시간이다.

동아제약은 2000년대 초부터 오너 일가의 낮은 지분율로
인해 안팎으로부터 지속적인 경영권의 위협을 받고 있는 기
업이었고 그 어려움에 종지부를 찍기 위해 수년간 준비해
온, 분할을 통한 지주회사 전환이란 카드의 마무리 단계에
와있다.

그러나 분쟁당시 지분의 10%이상을 매입한 경쟁사 H사의
반대와 언론플레이로 인해 지주회사설립은 난항에 난항을
거듭하고 있었기에 동아제약의 단일 최대주주인 국민연금의
찬성만큼 중요한 고지점이 사실상 없는 상황.

전화벨이 울리고 국민연금 쪽으로부터 전화를 받은 부사장
의 입에서 한숨이 터져 나온다.

"반대하기로 했답니다."

황급히 그와 기획실장은 대책마련을 위해 회사로 돌아갔지만 필자는 실망감 때문에 자리에서 쉽게 일어날 수 없다.

바로 며칠 전 미국계 주주총회안건 관련 투표자문사인 ISS(Institutional Shareholder Services)에서 찬성의견이 나와 언론들이 '까다로운 외국인들이 찬성하는 안건이라면 별 문제 없음이 분명하다'라며 동아제약의 결정에 대해 긍정적인 분위기로 돌아서는 상황이었는데……

그렇기에 국민연금의 반대는 너무나 기대와는 다른 당혹스러운 결과가 아닐 수 없다. 이제 나머지 기관투자자들의 찬성여부를 지켜볼 수밖에 없지만 시장의 큰형님격인 국민연금의 의견을 참고하여 결정하는 현실을 감안하면 지금으로선 크게 무엇인가를 기대할 수 있는 상황은 아닌 게 사실이다.

동아제약은 필자가 경험했던 다른 회사와 비교했을 때 IR에 상당히 적극적으로 투자하던 기업이다. 그렇기에 그동안의 투자에 대한 보답을 좋은 결과로 보여주고 싶었던 필자에게 국민연금의 반대는 참으로 큰 실망이 아닐 수 없다.

그렇게 주말이 지나고 주주총회를 정확히 일주일 앞둔 월요일. 보통이라면 대부분 접수 되었어야 할 위임장을 어느 기관도 선뜻 보내오지 않고 있었다. 국민연금결과를 참고하려던 기관투자자들이 이제는 서로의 눈치를 보고 있는 모양이다. 필자와 IR팀은 지푸라기라도 잡는 심정으로 그 동안 열심히 IR 미팅을 다니며 친분을 쌓았던 기관들에게 연락을 하였고 위임장 청탁을 하였다.

그러던 와중, 드디어 K자산운영을 포함한 몇몇 기관의 찬성의견이 담긴 위임장이 들어왔고 이에 언론들은 '국민연금의 결정에 반대하는 기관투자자들'이라는 타이틀로 기사를 내기 시작했다.(사실상 이는 홍보팀과 IR팀의 긴밀한 협조를 통해 언론을 활용한 전략의 결과이기도 하다)

그러자 그동안 눈치 보던 찬성의견의 기관들이 하나 둘씩 위임장을 보내왔고 우려와는 달리 단 두개의 기관을 뺀 나머지 기관들이 모두 찬성표를 던져주어 아슬아슬하지만 어쨌든 표결에서 승리할 가능성이 매우 높아졌다.

그리고 주총 당일, 회사 앞에는 수많은 기자들이 몰려들었고 모두들 무겁고 긴장된 마음으로 주총장으로 들어섰다. 반대편과의 공방과 수많은 질의응답으로 일반적으로 30분이면 끝날 주주총회가 1시간이 넘도록 길어졌다. 그리고 지주회사전환 안건에 대한 표결.

아주 근소한 표차이로 어렵게 지주회사전환이 가능할 수 있게 되었고 동아제약은 지난 수개월 동안 아니 수년 동안 노력했던 IR 활동의 결실을 맺게 되었다.

이런 결과는 하루아침에 얻어낼 수 있는 게 아니다.

동아제약은 정말 오랫동안 주주관계관리 즉 IR에 많은 공을 들여온 회사이며 필자가 입사한 후에는 더욱 더 큰 지원을 해주었다.

비용이 많이 드는 일임에도 불구하고 매분기 국내뿐만 아니라 해외 IR을 할 수 있도록 지원을 해주었고 필요시 다른 부서 임원들의 참여도 가능하게 해주었다.

그리고 무엇보다도 중요한 것은 중대한 정보교류와 핵심사항에 대한 결정을 내리는 임원회의에 참석하여 회사의 모든 주요결정 사항도 알 수 있도록 해주었다.

또한 IR부서 입장에서는 사실 어렵고 귀찮은 일이기는 했지만 매분기 IR활동을 통해 접수된 투자자들의 의견과 시장분위기를 집적 회장이 배석한 임원회의에서 발표하게 하여 사실상 회사의 전략방향에 영향력이 미칠 수 있는 시스템을 마련해 주었다.

그렇기에 일개 부서장에 불과했던 필자가 투자자들을 만나 회사의 방향을 자신 있게 말해줄 수 있었고 이런 수년간의 노력의 결과로 정말 필요한 순간에 기관투자자들과 외국인 투자자들의 찬성을 이끌어 낼 수 있지 않았나 생각한다.

많은 기업들이 IR을 사치로 느끼는 듯하다. 상장회사라면 꼭 해야 하는 책임임에도 많은 기업들이 마지못해서 법에서 정한 수준의 IR 즉 공시정도만 마지못해 하고 있는 것이 현실이다.

그러나 기업과 금융은 불가분의 관계이며 특히 자본시장 활용 없이 성장할 수 있는 시대는 IMF를 계기로 끝났다고 해도 과언이 아니다.

이제는 IR을 해야 한다. 그것도 적극적으로 해야 한다. 적어도 필자의 눈에는 기업의 피와 같은 자본을 공급하는 주식시장의 활성화 없이 경제가 살아날 가능성은 보이지 않는다.

이제 이 책을 통해 왜 IR이 필요한가? 그리고 어떻게 하는 것이 잘하는 IR인지 좀 더 필자의 의견을 피력해보고자 한다.

C o n t e n t s

C o n t e n t s

부록 :

서론

IR, 왜 필요한가?

기업가치 제고는 상장회사의 가장 기초적인 의무이다.

언젠가 국내 굴지기업의 경영자께서 내게 이런 말씀을 해주셨다. "회사 일에서 상식 이상을 요구하는 일은 그리 많지 않아"라고. 사실 주가를 왜 올려야 하는지 그리고 어떻게 올려야 하는지에 대한 필자의 의견 역시 대부분 상식 안의 일들이다. 남의 돈을 쓰는 입장이면 당연히 대가를 치르는 게 상식이고 제품이 잘 팔리려면 좋은 제품을 만들고 잘 포장해야 되듯, 회사도 그 주식을 상품으로 내놓은 이상 좋은 상품으로 만들어 내놔야 한다.

그러나 상식 밖의 일을 하는 기업이나 회사가 의외로 많다. 그래서 주주들의 분노를 사고 기업 가치는 하락한다. 몇 년 전 모회사 IR팀장 하나가 필자에게, "새로 부임한 사장이 '왜 주가를 올려야 하는지 모르겠다.' 며 IR팀을 없앨 생각을 하고 있다."고 고민을 털어놨다. 필자는 그 이야기를 들으며 세상에 상식 밖의 생각을 하는 사람들도 많구나 하는 생각을 하게 되었다.

회사가 주식시장에 회사를 공개할 때는 새로운 주주들의 이익을 늘려주기 위해 최선을 다하겠다는 당연한 약속을 한다. 그리고 상장을 한지 10~20년이 지났다고 해서 이 약속이 없어지는 것은 아니다. 이는 법적인 구속력은 없을지 몰라도 약속을 지키는 것은 너무나 당연한 일이다.

사실 법적으로 봐도 기업가치 제고는 필요하다. CEO를 임명해준 이사회는 주주들이 뽑아준 주주들의 권리와 이익을 대변하는 조직이며, 만약 그 CEO가 정말 그런 생각을 가지고 있다면 그는 가장 기본적으로 주어진 임무를 수행할 의지가 없으므로, 어떤 의미에서는 배임행위이기 때문이다. (주가부양의 의지가 전혀 없다는 것을 입증할 수 있다면… 쉽지 않은 일이지만…) 물론 현실적으로 그를 뽑아준 것은 대주주이다. 그렇다고 해서 그가 만약 "나는 나를 지지해준 주주(본인을 포함)들을 위해서만 일을 할 것이다."라고 한다면, 이는 대통령이 모든 국민의 권익을 위해 일하기보다 자신을 지지해준 지지층이나 이익단체만을 위해 일하겠다는 것과 같은데 상식적으로 그런 사람은 대통령이 될 자격이 없는 것이고 이는 자신의 책임을 배반하는 일, 즉 배임이라 생각한다.

어쨌든 상장회사 사장이 그런 말을 했다는 자체가 씁쓸한 일이 아닐 수 없지만, 어쩌면 그 사장은 매우 솔직한 사람일수도 있다. 사실 많은 CEO들이 영업보고서나 Annual

Report에는 "주주가치 제고를 위해 최선을 다 하겠다."라고 말을 하면서도 주주가치 제고에는 별로 관심이 없는 경우가 허다하다. 특히 우리는 그런 사람들을 2000년 초 닷컴 붐 시절 많이 목격했다. 당시 많은 벤처인들이 기업을 건실하게 키우고 성장시키는 것을 목적으로 자본시장을 활용하기보다는 어떻게든 회사를 적당히 포장해 높은 가격에 주식을 시장에 팔아 떼돈을 벌 생각만 했었고 이로 인해 없어진 회사가 대부분이며 많은 투자자들이 손해를 입고 고통을 당했었다. 지금도 그런 사람들이 없다 라고는 말할 수 없으며 만약 기업가치 제고에 관심이 없는 CEO라면 윤리적으로 도덕적으로 절대 CEO가 되어서는 안 되는 사회악이라고 말할 수 있을 것이다.

사실 여러 가지 번거로움에 귀찮아서 기업을 공개하지 않는 회사들도 많이 있다. 필자 역시 만약 경영진이 자체적으로 모든 자금을 조달할 수 있고 가지고 있는 주식을 현금화하는데 관심이 없다면 구태여 상장을 할 이유가 없다고 생각한다. 그러나 어떠한 이유에서든 상장을 했다면 경영진은 대주주를 포함한 모든 주주들의 가치를 최상으로 만들기 위해 최선을 다해야 하는데 이는 상장회사의 당연한 의무이며 상식이다.

상장은 분명 귀찮고 골치 아픈 일인 반면 그만큼 많은 유익도 있다. 특히 성장에 욕심이 있고 이를 위해 가지고 있는 현금이나 수입이상의 투자금액이 필요한 기업들에게 금융시장은 구세주이다. 비상장회사로써 글로벌 기업으로 성장할 수 있는 자금을 지속적으로 스스로의 영업활동을 통해서만 조달한다는 건 사실 불가능한 일이며, 과거 무한대로 자금을 조달해주던 은행들 역시 IMF 이후 회사의 자본적정성과 현금창출능력을 바탕으로 돈을 빌려주기 때문에 자본을 키우는 것만이 성장할 수 있는 유일한 방법이며 상장은 이 문제를 해결해준다. 또한 상장은 자본력강화 뿐만 아니라 사회적인 위치 또한 높여 주는 게 일반적이다. 까다로운 상장심사를 통과하고 회사에 대한 정보가 훨씬 풍부하게 공개되었다는 것만으로도 고객들이 그 회사의 제품을 믿고 살 가능성이 커지기 때문이다. 이밖에 Venture Capital 이나 PEF (Private Equity Fund) 등의 투자를 받아 어차피 시어머니가 존재하거나 지속해 Exit(투자금을 회수해 가는 것)을 요구하는 기존투자자들을 제거(?)할 수 있는 좋은 방안이다. 사실상 이런 투자자들보다는 지분을 불특정다수에게 분산시켜주는 상장은 기업으로써는 비교적 힘없는 시어머니를 만나는 셈이 되는 것이기에 이런 선택을 하는 회사들도 있을 것이다.

좋은 주가는 성장의 초석이다

주가가 오르기 위해서는 물론 실적이 좋아야 한다. 그래서 많은 CEO들이 이런 생각을 많이 한다. "내가 실적만 잘 내면 되지 구태여 자본시장에다 이렇고 저렇고 내 생각을 설명을 할 이유가 있겠냐?" 물론 틀린 말은 아니다. 만약 그가 매년 매분기 좋은 실적과 이익을 낼 자신이 있고 그렇게 할 가능성이 100%라면 나는 구태여 그가 자본시장에 나와 IR을 하는 건 시간 낭비라고 생각한다.

그러나 현실은 그렇지 않다. 회사가 평탄한 날도 있겠지만 갑작스런 어려움에 봉착하기도 하며, 생각 보다 좋은 실적을 내기도 하고 때로 나쁜 실적을 내기도 한다. 어떤 회사도 영원히 좋은 실적만을 낼 수 있다고 자신할 수 없다. 회사가 갑작스런 어려움에 처할 경우 자본시장이 얼마나 큰 역할을 하는 지 우리는 IMF를 통해 경험했다. IMF 이후 은행들이 회사의 재무건전성을 최우선적으로 따지기 때문에 회사가 어려움을 극복하기 위한 자금이 필요할 때 자본시장이 외면하면 부도의 위기에 내 몰릴 수밖에 없다.

아무리 지금은 현금흐름이 튼튼해 자본시장에 손 벌일 일이 없는 회사라 할지라도 시장과 패러다임은 언제나 변화할 수 있기 때문에 언제나 만반의 준비를 하고 있어야 하는 건 CEO로써의 당연한 의무라 생각한다.

또한 한편으로는 갑작스럽게 찾아온 기회를 눈앞에 두고 자본이 없어 도약의 기회를 놓친다면 그는 CEO로써 자격이 없다. 만약 그가 평소에 자본시장과 소통하고 관계를 든든히 해놨다면 그는 그의 신념을 피력하고 그들의 전격적인 지원을 받을 수 있지만, 그렇지 않았을 경우 자본시장은 그를 외면하거나 매우 높은 대가를 치를 수밖에 없도록 할 것이다.

자본시장과의 소통은 비 오는 날 뿐만 아니라, 이렇게 갑작스럽게 쨍하고 해가 뜬 날을 위한 대비이기도 하다. 많은 회사들이 시간이 흐르고 산업이 성숙해지게 되면 M&A로 성장을 할 수밖에 없는 단계에 도달하게 된다. 이렇게 될 때 강한 주가는 회사에게 Leverage 효과를 적극 활용할 수 있게 되는 등 여러 가지 선택이 있을 수 있다. 그러나 그렇지 못한 회사의 경우 자본시장에서 외면당하기 마련이다.

높은 주가는 경영권을 튼튼히 한다.
사실 높은 주가만큼 강력한 경영권 방어 도구는 없다. 주가가 높으면 비용이 너무 높아 M&A를 해도 손해이기 때문에 시도 자체의 메리트가 없어지기 때문이다. 주주 입장에서도 주가가 높은데 경영진을 교체할 아무런 이유가 없기 때문에 주주들로부터 지원을 받기 용이하다. 물론 주가가 싸지면 대주주가 싼값으로 주식을 구매해 경영권을 방어하는데 유리하다고 생각할 수 있다. 그러나 이는 경영권을 노리고 있는 적에게도 같은 기회가 되기 때문에 언제나 좋은 방어책이라 할 수 없다.

과거 BW나 CB를 통해 경영권을 방어했으나 이 또한 최근 당국의 철저한 감시를 받고 있는 상황이고 소위 행오버로 인해 주가상승에 커다란 짐이 되며 자회사의 가치를 올린 후 합병이나 지주회사전환 역시 나쁜 여론과 규제당국의 규제강화로 더 이상 용이한 방법은 아니다. 정말 절실한 상황이 아니면 잘 쓰이지 않는 것으로 보인다.

결국 경영권을 유지하는 가장 좋은 방법은 정공법. 즉 나보다 더 경영을 잘하는 사람이 없다는 것을 보여주는 수밖에는 없는데, 이에 대해 주주들에게 꾸준한 주가상승만큼 확실한 증거가 없다.

주가는 객관적인 경영성적표이다.

한국에서는 주로 매출로 회사순위를 나열하지만 외국의 경우 회사의 순위는 대부분 Market Cap 즉 시가총액으로 나열한다. 매출이나 이익보다는 시장에서의 가치가 더 객관적이라는 뜻일 것이다.

사실 매출이나 이익 또는 자산은 현재의 모습만을 보여준다. 그러나 시가총액 즉 주가라는 것은, 현재까지 벌어드린 이익의 총량과 앞으로 벌어드릴 이익의 총량을 감안하되 불확실성을 할인, 반영하고 있다.

다시 말해 어떤 회사가 비슷한 수준의 재무제표 즉 매출, 이익, 자본, 부채를 가진 경쟁 회사에 비해 시가총액이 낮다면 그만큼 시장이 그 회사 경영진의 경영 퀄리티를 비교적 낮게 평가하고 있다는 반증일 수 있다. 즉, 미래에도 비슷한 규모의 회사로 남을 수 있을지에 대해 의심하고 주가(시가총액)에 미래가치를 얹지 않겠다는 것인데, 이는 다른 측면에서 보면 경영진의 경영 퀄리티가 낮거나 아니면 경영진의 퀄리티를 시장에 제대로 보여주지 못하고 있다는 이야기가 될 수도 있다.(바꿔 말하면, IR을 제대로 하지 않고 있다는 것이다)

따라서 주가를 관리한다는 것은 사실 회계를 분식하고, 좋지 않은 회사의 모습을 잘 가리거나, 좋게 보이도록 하는 윈도우드레싱이 절대 아니다. 도리어 이런 행위는 장기적으로 회사에 대한 신뢰만 훼손되고 이미지만 손상되어 도리어 주가하락의 원인이 된다. 주가를 관리한다는 것은 미래의 불확실성을 최대한 줄여주기 위해 회사의 나아갈 방향과 방법을 제대로 보여준다는 이야기인데 경영전략관점에서 표현하면 "설득력 있는 미래 전략을 세우는 것"이 바로 주가관리이다. 주가관리가 안되면 경영성적을 좋게 받을 수 없는 것은 어쩌면 너무도 당연한 것이다.

시장과의 좋은 관계는 회사의 큰 자산이다.

투자자들은 자신들의 이익과 직결되는 일이기 때문에 직설적이고 군살 없는 조언을 아끼지 않는다. 특히 해외 투자자들의 경우 수많은 산업과 수많은 회사들의 최고경영자들이나 실무자들과의 접촉을 통해 많은 정보를 가지고 있고 이는 분명 CEO들에게 큰 도움이 된다. 그들은 자신들과 신뢰관계가 형성된 회사와는 산업의 방향과 경쟁사 동향 그리고 M&A 기회까지 조언을 아끼지 않는다. 특히 그들은 실무자보다는 임원진들이 방문했을 때 훨씬 더 깊고 의미 있는 조언을 하는데 이건 사람으로서 너무 당연한 일이 아닐 수 없다. 정보경쟁시대에 이런 좋은 정보채널을 포기하는 것은 바보 같은 일이 아닐 수 없다.

C사가 지금의 시총 수조 이상의 회사가 될 수 있었던 것은 C사와 자회사인 C개발과의 합병이 결정적인 계기였다. 당시 한국 투자자들에게는 어느 정도 알려졌던 C사가 외국인 투자자까지 주주확장을 시도했으나 해외투자자들은 대부분의 수익을 창출하는 당시 비상장 회사인 C개발과 합병하지 않고는 투자할 생각이 없다고 했다. 그러나 당시 C사 주가가 너무 낮은 상황에서 무리하게 합병을 할 경우 C사의 주주가치가 많이 손상될 수밖에 없고 따라서 합병을 반대할 것이 너무나 분명했기 때문에 합병이 쉬운 일은 아니었다. 그러나 당시 IR팀은 투자자들에게 "C개발과 합병을 할 경우 외국인투자자들이 많이 영입되어 기업가치가 크게 오를 것이며 따라서 합병하기 전 C사에 투자할 것"을 지속 권유하였고 이로 인해 주가가 올라 C사와 C개발 1:1 합병이 가능하게 되었으며 결과적으로 몇 천억 수준의 시장가치로 평가되던 C사는 합병을 통해 1조 이상의 기업이 되었고 수년 내 3~4조까지 그 규모가 커질 수 있었다. 이는 경영진이 그 목표를 국내에서 해외투자자들로 넓히고 그들의 의견을 수렴하였기 때문에 가능하게 되었다고 평가되고 있다.

이렇듯 상장이 가져다주는 유익은 매우 확실하며, 상장회사
만이 누릴 수 있는 여러 가지 유익은 IR을 통해 누릴 수
있게 된다.

잘 끼운 첫 단추

성공적인 IPO란

메이저리그에 들어갈 것인가 마이너리그에 영원히 남을 것인가

IPO시 많은 회사들이 높은 가격의 유혹에 빠진다. 증권사 또는 투자은행들 역시 높은 가격을 받아낼 것을 약속하며 자신들을 고용해주길 피력한다. 물론 장사 한 번 하고 말 것이라면 이런 유혹에 빠진들 누가 뭐라 할 것이 없다. 그러나 지속적으로 좋은 평가를 받고 지속적으로 주가를 올리려는 생각이 있다면 결코 그래서는 안 된다.

증권사들이 높은 가격을 받을 수 있는 이유는 많은 경우 단기투자펀드 등을 활용하기 때문이다. 이 펀드들은 상장 후 거래 첫날에 개미들에게 모두 팔아치울 의중을 가진 투자기관들이다. 그래서 이들은 꽤 높은 가격을 써낸다. 어차피 공모가격보다 높은 가격으로 거래가 될 것이라는 확신을 가지고 있기 때문이다.

반면 롱펀드들은 절대 높은 가격을 써내지 않는다. 그들은 3년, 5년 후의 주가가 더 중요하기 때문에 최대한 할인 discount 된 가격에 사는 대신 오랫동안 보유하고자 한다. 만약 높은 가격에 매혹돼 오로지 초단기 펀드들에게만 물량 배정이 되어버린다면 롱펀드들은 모두 외면하고 더군다나

28

해지펀드물량은 나중에 모두 개미들에게 다 매도하게 되기 때문에 상장 이후 주가관리는 사실 요원해지는 것이다.

주주가 대부분 개인투자자들로 구성되어버리면 회사의 주가는 엄청난 변동성을 보여주게 되고 장기주주들인 연금이나 생명보험 또는 뮤추얼펀드들은 변동성이 심한 주식을 외면하는 악순환에 빠진다. 연금이나 생명보험사들은 자금 자체가 노후 보장을 위해 모여진 돈이라 안정적으로 관리하는 것이 우선이기 때문이며, 변동성 높은 주식은 RBC(Risk Based Capital) 비율 관리에 애를 먹기 때문이다. 설사 높은 변동성이라도 워낙 회사의 스토리가 좋아 투자를 하려해도 심한 할인 discount을 요구한다. 심한 등락을 감수하고도 투자할 수 있는 그만큼의 대가를 요구하는 것이다.

따라서 IPO가격은 외국계 투자자중 Fidelity나 Putnam 같은 장기투자회사에서 요구하는 가격이 현실적으로 가장 적정한 IPO가격이다.(대부분 가격 밴드의 아랫단에 있는 가격이 될 것이다)

어쨌든 IPO가격이 비싸다는 인상은 참으로 오래간다. 만약 적극적인 IR을 하는 회사가 아니라면 상장되어 있는 동안 계속 그 이미지가 남아 있을 것이고 적극적인 IR을 통해 이미지 개선에 노력하는 회사도 적어도 3~4년 동안 그 후 유증에서 벗어나지 못할 가능성이 높다. 비용측면에서 봐도 3~4년 동안 이미지 개선을 위해 들여야 할 그 땀과 노력을 환산한다면, 차라리 처음에 조금 손해를 보는 듯해도 많이 할인된 가격을 시장에 제공하는 것이 장기적으로 훨씬 득이 될 것이라는 것이 필자의 생각이다.

적정가격만큼 적정물량공급도 중요하다

주가 변동성이 높은 이유 중 또 하나는 시장에 거래될 수 있는 주식 즉 유통주식의 수가 적을 경우 조금만 사도 가격이 오르고 조금만 팔아도 가격이 떨어지기 때문에 롱펀드들이 기피를 한다. 거래량이 적은 주식들은 애널리스트들도 분석을 기피한다. 왜냐하면 증권사 입장에서 수수료 수익이 중요한데 거래량이 없는 주식을 아무리 매수 추천한들 그들에게 돌아가는 이익이 전혀 없기 때문이다. 애널리스트들의 절대적 숫자가 적은 외국계 증권사의 경우 아예 하루 매매거래량이 백억 이상 되지 않는 종목은 정말 대단한 이슈가 없고서는 분석종목에 포함하지 못하게 한다.

외국계 롱펀드의 경우 영향력 있는 투자은행(증권사)이 추천하지 않는 종목에 투자를 거의 하지 않는데 그 이유는 지속적으로 애널리스트들의 관리(follow-up)를 받을 수 없기 때문이다. 그들 입장에서는 전 세계적으로 수많은 회사를 일일이 다 분석할 수 없기 때문에 투자한 회사의 주요 뉴스를 적시에 전달해 줄 수 있는 애널리스트가 없을 경우 선뜻 투자할 수 없다.

무서운 오버행

적은 공급물량의 두 번째 문제는 지속적인 오버행 overhang 에 대한 우려이다. 모든 상품이 그렇듯이 주가 즉 주식의 가격 역시 수요와 공급에 의해 움직인다. 수요가 올라가도 물량이 계속 시장에 풀린다면 가격은 절대 오를 수 없을 것이다. 대주주가 많은 규모의 주식을 가지고 있으면서 언젠가 주가가 오를 때를 기다려 팔 생각을 한다면 주식시장은 어차피 오르면 공급량이 많아져 다시 떨어질 것을 예상하여 주식을 사지 않는 데 이를 오버행 Overhang이라 한다. 따라서 주가의 지속적인 상승을 위해서는 처음부터 적정한 물량을 공급하거나 아니면 빠른 시일 내에 물량 공급을 통해 적정한 거래가 되도록 환경을 조성해 줘야 한다.

아무리 회사의 스토리가 좋고 멋진 미래상을 가지고 있어도 이런 수요와 공급의 관리가 제대로 이루어지지 않으면 주가는 그때그때 반짝 올라갈 뿐 결국 지지부진한 행로를 지속할 수밖에 없다.

결론적으로 말하면 영원히 마이너리거로서 단기투자자들의 투자대상이 되어 급락을 거듭할 것인가 아니면 굴지의 해외 롱펀드들에게 어필되어 그런 펀드들을 대상으로 IR하며 장기적으로 꾸준히 상승하는 메이저리거가 되느냐는 주식시장에 어떤 이미지로 첫발을 내딛느냐에 달려 있다고 해도 과언은 아니다.

Garbage in Garbage out

자본시장에 좋은 이미지로 첫발을 내딛기 위해서는 상품자체가 정말 좋아야 한다. 이는 많은 준비를 필요로 하는데 K생명의 경우 이런 준비를 철저하게 잘 한 Case중 하나이다. K생명이 처음 자본조달을 고민했을 때 굴지의 글로벌 PEF들이 제시했던 가격은 터무니없이 낮았다. 그러나 현실적으로 보험지급능력평가를 해봐도 투기등급이상을 받기 힘든 상황이었으며, 회사가 자본시장에 자신 있게 더 높은 가격을 요구하기에는 많은 약점을 보유하고 있었다. 이에 CEO는 기업의 내재 가치를 올리기 위해 여러 가지 특단의 조치를 취하는데 당시 자본의 열악함, 소비대출의 과다함 등의 문제를 사전에 제고하는 시도들을 주된 내용으로 하는 5개년 전략을 세워 추진하였다. 당시 K생명 CEO가 "나도 안 살 회사의 주식을 남들이 사게 해선 안 된다"라는 취지에서 추진한 전략이었다.

이러한 내재가치 제고전략을 통해 K생명은 지속적으로 부족한 부분을 개선하고 자산의 효율성과 자본의 적정성을 제고하여, 결국 4년 만에 해외굴지의 투자자들로 부터 2002년 당시 가격에 비해 4배의 가격으로 자본을 유치하는데 성공하였다.

엎질러진 물 담기

의도적이든 아니든 이미 주주들에게 "찍힌" 회사들이 많다. 그들은 이미 "먹튀" 로 주식시장에선 고개를 설레설레 흔드는 대상이 되어 버린 것이다. 그렇다고 해서 희망이 없지는 않다. 시장은 의외로 관대하다. 막상 속았다고 생각하고 온통 화를 내지만 시간이 지나면 잊게 마련이다. 물론 예전보다 그 회사를 대하는 태도는 더 조심스러울 수밖에 없다. 또한 투신사들의 경우 담당이 바뀌기도 한다. 그러면서 서서히 그 회사의 "만행"은 잊힌다. 물론 그렇기 위해서는 절대적인 시간이 필요한데 경험상 적게는 한 3년 길게는 5년 정도가 걸리는 것 같다.

그런데 다행히 그 시간을 줄일 수는 있다. L社가 바로 그런 Case이다. L사는 IPO시 먹튀로 유명한 회사이다. 초단기 투자기관(주로 해지펀드)들이 대부분 IPO물량을 인수하면서 많은 장기투자자들이 기피했고 결국 개인들이 대부분 주식을 사면서 주가는 요동치며 하락하였다.

처음 IR 팀장으로 부임했던 김 모 팀장은 정말 처음에 마음고생을 많이 했다고 한다. 많은 이들이 IR 활동에 대해 냉소적이었고 내부적으로 왜 이것이 필요한지 설명하고 이해시키는 것만 1년 이상이 걸렸다고 한다. 그러나 그는 꾸준히 분기실적발표회와 NDR 등을 하면서 회사의 주주가치를 제고하려한다는 의지를 알렸고 약 2년이 지나면서 그 노력이 결실을 맺기 시작했다.
주가가 다시 회복되고 상장가격을 뛰어넘으면서 내부적으로 IR팀을 대하는 태도도 달라지기 시작했고 적극적인 협조가 이루어졌다. 이러한 협조로 인해 주가는 탄력을 받았고 3년 만에 반값으로 하락했던 주가는 상장가의 1.5배 수준으로 올랐다.

물론 다행히 회사가 상장이후 주주가치를 훼손하는 어떠한 나쁜 서프라이즈 bad surprise도 내지 않았고, 꾸준히 신뢰를 회복하면서 주주들의 구성도 단기에서 장기투자자들로 바뀌어갔다.

잘못된 첫 단추도 다시 끼면 된다. 물론 단추를 다시 풀어야하기 때문에 시간도 걸리고 귀찮기조차 하다. 따라서 경영진의 의지와 인내가 필요하다. 많은 회사들이 아예 의지가 없거나 의지가 있으나 인내가 없어 꾸준하지 못한 것이 불신의 덫에서 헤어나지 못하는 이유이다.

그렇다면 그 신뢰관계를 어떻게 구축할 것인가?

예측가능성, 예측가능성, 예측가능성

약속을 지키는 기업이 Promising한 (미래가 보이는) 기업
이다

기업에게 고객은 가장 무섭고도 중요한 이해관계자이다. 이
들이 없으면 기업은 존재할 수 없다. 백년대계를 꿈꾸는 기
업이라면 그들과의 약속을 지키는 것이 최우선순위일 것이
다.

재무제표는 고객에서 출발하여 각 계층의 이해관계자들에
대한 기업의 법적인 책임 순위를 잘 보여준다.

고객 - 매출
말할 것도 없이 가장 먼저다. 이들이 없으면 기업도 없다.

제조자/공급자 - Cost of Good Sold/Manufacturing cost
(판매 또는 제조원가)
그리고 그 다음 중요한 이해관계자는 바로 제품을 만드는
사람이다. 그것은 공장이 될 수도 있고 또 하청업체일수도
있다. 물건이 좋아야 고객을 만족시킬 수 있다. 인력관리에
있어서도 가장 중요한 것이 바로 제품을 만드는 사람들에
대한 노사관리이다. 한국처럼 인적자원이 가장 중요한 경쟁
력인 나라는 이 인적자본을 잘 관리하고 적절히 투자를 해

야 한다. 재무상태표 상에서도 만약 기업이 부도가 나 빚잔치를 하게 되면 가장 먼저 돈을 지급해야하는 것은 바로 물건 값 그리고 바로 생산인력 임금이다.

판매자 - Sales Cost(판매비)

금융회사처럼 완전히 무형상품 즉 서비스를 파는 회사는 제조비 대신 판매비용이 가장 클 것이다. 우리나라의 많은 회사들이 바로 이 매출 중심으로 성장해왔고 기업가치중 영업권Franchise 가치가 차지하는 비중이 아주 클 수 있는데, 이 중에서도 바로 이 세일즈 채널의 가치를 가장 높게 평가하는 것이 일반적인 B2C 회사가 아닌가 싶다. 따라서 큰 투자가 필요하고 지속적인 관리가 필요한 곳이다.

직원 - Salary (인건비)

그리고 블루칼라 인력에 대한 투자자 그 다음 우선순위이다. 원가를 빼고 난 이익 중 가장 먼저 돈을 지불해야하는 사람들이 관리인력 즉 화이트칼라 인력이다. 사실 회사를 경영하는 사람들이 바로 여기에 속하는데 이 사람들이 회사의 방향과 전략을 결정하고 또 갖가지 risk들을 관리함으로써 기업이 영속성을 가지고 지속가능한 경영을 할 수 있게 되므로, 이 부분에 대한 투자도 소홀이 할 수 없다. 아니

어쩌면 미래지향적인 회사의 경우 가장 중요한 부분으로 손꼽는 투자 분야이기도 하다.

은행 - interest (이자비용)

이자를 지불하지 않으면 회사는 부도가 난다. 기업입장에서는 가장 무서운 게 부도이다. 유동성관리가 가장 중요한 기업의 risk관리이다. 그렇다고 해서 임금을 체불하고 이자부터 낼 수는 없으나 그렇다고 간과할 수 없는 중요한 부분이다. 만약 이자를 낼 생각이 없다면 차입을 하지 말아야 한다. 어쨌든 많은 기업들이 바로 이 부분에서 도산을 하곤 한다.

정부 - tax (세금)

세금. 안내면 큰일. 그러나 은행이자(금융비용) 내고 남은 돈이 없으면 안내도 된다.

주주 - 이익 (요구수익률)

기업은 이렇게 많은 이해관계자들의 니즈를 충족시켜야 존재가 가능하다. 사실 어떤 기업이 주주의 몫까지 챙길 수 있다면 그 회사는 이미 어느 정도 궤도에 오른 회사일 수밖에 없다 그만큼 여유가 있고 다른 니즈들이 대부분 충족

됐다는 말이기 때문이다.

투자자들이 주식에 투자를 할 때는 분명 금리보다는 높은 수익(return)을 기대하고 투자할거라는 것은 구태여 언급할 필요가 없을 것이다. 기업이 기업공개를 한다는 것은 암묵적으로 주주들의 요구수익률을 충족시킬 수 있다고 말하는 것이 아닐까 싶다. 만약 항상 금리보다도 못한 이익만을 만들어 낸다고 생각하면서 기업을 공개하는 기업은 없을 것이다. 따라서 물론 risk는 존재하지만 그 risk에 부합된 이익 창출의 가능성을 알려준다.

그렇다면 주주들은 구체적으로 얼마만큼의 수익을 기대하고 그 주식에 투자를 하는 걸까?

요구수익률은 회사에 내재되어 있는 위험요소를 감안하여 결정하는데 이때 회사의 위험을 가장 잘 보여주는 것이 주가의 변동성이다. 만약 어떤 주식이 몇 달 만에 반값이 되기도 하고 또 두 배가 되기도 한다면 투자자들은 10% ~ 20% 주가가 상승할 가능성을 보고 투자하지는 않을 것이다. 반면에 주가의 등락이 거의 없이 매년 10% 내에서 움직였다면 요구수익률 역시 매우 낮은 수준일 것이다. 예로 유럽회사들의 평균 요구수익률은 대부분 7 ~ 8% 수준인 반면 한국 등 이머징 시장에서의 평균 요구수익률은 12% ~ 15% 정도로 알려지고 있다. 선진시장에서의 기업들에게 서는 그보다 낮은 7 ~ 8% ROE 정도를 기대한다고 했다. 처한 시장의 여러 가지 지역적 risk를 감안한 것이다. 한국 의 경우 남북문제, 노사문제 등 정치적 risk 등의 이유로 선 진 시장보다는 사업하기에 risk가 큰 것을 감안하여 요구수 익률을 더 높게 기대하는 것이다.

이런 질문을 Fidelity와 몇몇 글로벌 투자기업들에게 해본 적이 있다. 그들은 한국회사의 경우 현실적으로 대략 3~4 년 동안 연 평균 10% 이상의 ROE를 낸다면 충분히 보유 할만하다고 대답했다. 사실 현실적으로 ROE 10% 이상을 유지할 수 있는 기업이 그리 흔한 것이 아니다. 따라서 이 익을 불리는 것도 중요하지만 배당이나 자사주매입 등을 통 해 ROE를 적정수준으로 유지해 주는 것이 IR전략에 큰 부 분을 차지한다.(이질문은 2007~8년가량에 했던 질문이기 때문에 성장률이 선진국에 비슷해지고 있는 최근에는 어떤 변화가 있을지 확실치는 않다.)

과거 경영의 천재로 불렸던 ITT의 헤럴드 제닌의 경우 "매년 EPS 10% 증가" 라는 구체적 주주가치 상승 목표를 세워 주주들로부터 큰 신뢰를 얻기도 하였다. 목표를 EPS성장으로 세우게 되면 IS 즉 손익계산서의 목표뿐만 아니라 BS 즉 재무상태표의 목표까지 내포하게 되기 때문에 투자자들에게 회사가 "정말 뭘 좀 아는구나"하는 이미지를 주게 되므로 회사에 대한 평가가 분명 달라질 것이다.

여기서 주당이익(EPS)을 목표로 설정한 이유는 순이익이 10% 증가한다고 해도 주식수가 늘어 버려 한주 당 배분되는 이익이 10% 미만으로 증가하거나 도리어 감소한다면 투자자 입장에서는 이익이 늘어난 것이 아니기 때문에 주주들에게 중요한건 EPS이기 때문이다.

많이 보여줄수록 신뢰는 커진다. - 투명경영의 중요성
EPS를 목표로 정하는 것처럼 회사가 미래의 청사진을 좀 더 구체적으로 제시하고 그에 관한 대안을 설득력 있게 보여주는 것이 사실 주가의 많은 부분을 결정하는 요인이다. 그러나 많은 회사들이 여러 가지 이유로 회사의 내용을 공개하기를 꺼려한다.

앞에서 언급했지만 자본시장에 참여하는 순간 여러 가지 의

무를 지게 되는데, 그 중 정보의 투명성 확보는 어느 정도는 법적인 문제이기도 한 동시에 가장 큰 윤리적 의무 중 하나이다.

"투명하기를 꺼려하는 회사는 대부분 엔론이나 월드컴 처럼 숨길 수밖에 없는 뭔가가 있을 것이다." 대부분의 투자자들은 그렇게 생각한다. 회사 입장에서는 그건 좀 심한 거 아니냐 하는 반응을 보일 수 있지만 막상 그렇게 말하는 경영진 역시 다른 회사를 인수하거나 투자하는 상황이라면 이것저것 많은 것을 숨기고 있는 회사를 선택하지는 않을 것이다. 투자자 입장에서는 선택할 수 있는 수많은 회사들이 있고 그렇다면 그중에 가장 분석하기 용이하도록 필요정보에 접근이 쉬운 회사를 선택하게 되는 건 당연한 일이다. 회사가 "우리는 너무도 좋은 회사입니다."라고 주장하면서 그 주장의 근거는 말할 수 없는 비밀이라고 한다면 투자자 입장에서도 "그래요 참 좋겠네요. 그렇지만 투자를 할 수는 없죠."라고 할 것이다.

필자 역시 가장 많이 부딪치는 것이 바로 이 부분인데, 사실 많은 경영진들이 주가를 올리라는 주문을 하지만 막상 투자자들이 투자를 결정하는데 필요한 정보를 주는 것은 꺼려하는 이중적 태도를 보인다. 물론 경쟁사에게 전략이 노출되거나 정부나 시민단체로부터 쓸데없는 관심을 끄는 것이 회사의 경쟁력 제고에 전혀 도움이 되지 않는 것은 사실이다. 투자자인들 경쟁력을 약화하는 지경에 이르는 투명성을 바라겠는가. 문제는 현실적으로 보면 많은 기업들이 투명성에서 오는 혜택을 전혀 고려하지 않고 공개를 통해 겪는 손해만을 계산하는데 있다. 경험상 공개되면 안 되지 않나 우려하던 것도 막상 공개되었을 때, 우려만큼 큰 손해가 되지 않는 경우를 많이 보았다. CEO는 이런 정보공개의 두려움이 막연한 두려움인건지 아니면 정보를 독점하거나 가공하는데 시간을 쓰기 싫어하는 부서이기주의가 아닌지 주의하여 보아야 할 것이다.

경험상 투명성의 유익을 포기해가면서 공개하지 못할 정보는 그리 많지 않다. 공개를 하면서 받는 평가나 의견이 주는 유익 역시 상당하다 머릿속에만 있는 여러 가지 전략들도 막상 꺼내놓고 보면 현실성이 떨어지거나 문제가 많은데 투자자들을 통해 한번쯤 걸러보고 물어보는 것도 좋은 아이디어이다.

사실 과거 상사였던 CFO께서 본인이 생각하는 여러 가지 전략적 아이디어들을 해외 IR 중 본인이 보기에 총명하고 insight가 있다고 생각하는 투자자 몇몇에게 조언을 구하거나 본인이 직접 참여할 수 없는 경우 누군가 자기를 대신해 그들과 미팅을 하게하고 그 결과를 보고하도록 지시하기도 하였다. 그들을 통해 여러 가지 M&A 아이디어들을 확인하고 적용하여 성공하는 사례들을 많이 보았다.

투명성 강화에 가장 큰 걸림돌은 경쟁력약화나 가격압박이다. 예를 들어 보험사의 경우 예정사업비 비중이 공개되는 것에 대한 두려움이 많다. 왜냐하면 보험가격을 내리라는 시민단체의 압력이 거세지기 때문이다. 또한 제약사의 경우에도 마진 공개를 매우 꺼려한다. 이 또한 약값이 너무 비싸다는 언론과 시민단체의 압력이 강해져 정부가 나서게 될 것이 뻔하기 때문이다. 가격인하로 인해 이익이 떨어질 것이 분명한데 선뜻 본인들의 정보를 쉽게 노출 할 회사는 아무도 없다. B2B기업의 경우 중요한 거래선으로부터 가격 인하 압박을 받을 수 있다. 그러나 투자자 입장에서는 마진 만큼 중요한 정보가 없다. 이것을 알아야 투자할 만한 회사 인지 아닌지를 판단할 수가 있기 때문이다. 그러나 그런 정보가 노출될 경우 약값의 인하가 불가피하게 되는 상황이 초래되고 결과적으로 주주들에게 손해가 되기 때문에 노출을 할 수 없다. 이는 참으로 안타까운 상황인데 기본적인 공개가 불가능해 외국투자자들의 관심을 얻어내거나 투자유치 하는 것이 힘들어지고 그러다보니 자본력이 약해 R&D나 시설투자 여력이 없어 더 이상 성장엔진을 마련하지 못하는 악순환이 지속된다. 이것은 아마도 제약뿐 아니라 모든 내수기업들의 공통된 어려움이라 생각한다. 경쟁력의 치명적인 저하로 이어지는 정보제공이 아닌 선에서 정보공개의 적절한 수위를 잘 판단하는 것이 중요한데 이것이 스킬이며, 사실상 그래서 뒤에도 다룰 IR 커뮤니케이션 전문가 육성 또는 영입이 필요한 것이다.

예측가능경영의 중요성 — 투자자는 서프라이즈를 가장 싫어한다!

투자자들은 서프라이즈를 싫어한다. 정확하게 말하면 뒤통수치는 서프라이즈 bad surprise를 싫어한다고 하는 게 정확한 표현일 것이다.

기업의 가치는 현재가치와 미래가치를 더한 것이다. 현재가치는 현재 재무제표 상으로 계산이 가능하다. 가지고 있는 자산에서 부채를 빼면 되기 때문이다. 사실 총자본이 바로 이 현재가치이기도 한데 순자산가치라고도 칭한다. 그러나 미래가치는 재무제표에 나와 있지 않다. 미래가치는 향후 이 회사가 벌어들일 이익의 총합을 적정한 할인율로 할인한 가치인데 이것은 사실 계산해내기가 만만한 게 아니다. 할 수 있는 것이라고는 지금까지 보여준 성장성과 수익구조들을 바탕으로 매출과 이익을 추정한 후 그 이익들을 모두 더해보는 수밖에 없다. 문제는 미래는 오로지 신만이 알며 과거의 시장 환경을 그대로 미래에 적용할 수 없기 때문에 그것을 추정한다는 것은 매우 힘든 것만은 사실이다. 그러나 과거의 실적 트랜드에서 크게 벗어나는 경우도 사실상 그리 많지 않기 때문에 과거의 트랜드에 회사의 중장기전략 계획을 감안하여 실현가능한 미래모습을 그려보는 것이 좋다.

사실 기업들이 상장할 때는 나중에 문제가 될까봐 글 writing 로는 보여주지 않을지 몰라도 좋은 가격을 받기 위해서 또는 상장에 성공하기 위해서 최소한 구두로라도 멋진 미래상을 제시하기 마련이다. 그러나 상장한지 오래된 회사들은 그런 risk를 감수 할 이유가 없어진다. 구태여 미래상을 구체적으로 제시해서 공정 공시 등에 문제가 되거나 소액투자자들에게 소송의 빌미를 제공하지 않으려하기 때문이다. 그러나 사실 미래를 구체적으로 제시했는데 그것을 달성하지 못했다고 소송을 당해 패소한 case는 필자의 지식으로는 아직 존재하지 않으나, 그럼에도 불구하고 회사가 너무도 보수적이어서 미래상을 구체적으로 제시할 수 없다면 올해 예상이라도 조금 해줘야 어느 정도 신뢰를 얻을 수 있을 것이다. 물론 말도 안 되는 사업계획을 제시한다면 그것 역시 신뢰를 잃게 되는 빌미가 될 것이니 적정한 수위 관리가 필요하다.

실제적으로 D사는 DR발행을 위해 해외에 NDR을 하면서 과도한 장밋빛 미래상을 제시하고는 상장한지 바로 다음 분기에 거의 적자를 내어 그 후 외국인투자자들은 D사라면 아예 고개를 설레설레 했고 그 기업뿐만 아니라 D사가 속한 그룹의 모든 회사에 대해 불신을 가지게 되어 지금도 고생하고 있는 것으로 알고 있다.

기대치관리

만약 투자자들이 기대하고 있는 또는 알고 있는 범위에서 크게 벗어나는 나쁜 뉴스들은 시장에 충격이 되지 않도록 최대한 조금씩 천천히 시장에서 알도록 배려해줄 필요가 있다. 한마디로 기대치를 낮추는 작업을 하는 것이다. 시장에 대한 배려 없이 갑자기 배드 뉴스가 나오면 시장은 당장

복수한다. 그렇게 하한가들을 맞은 주식들을 우리는 여러 번 봤다. 사실 많은 경우 하한가까지 맞을 정도의 나쁜 뉴스는 아닌데도 예측하지 못했던 일이라는 이유만으로 시장은 과잉반응 하는 경우가 많다.

가이드라인의 목적은 신뢰 구축에 있기 때문에 회사 스스로 너무도 예측이 불가능한 시장 환경에서는 차라리 하지 않는 것도 방법 중에 하나이다. 대신 시장 환경의 불확실성을 충분히 시장이 인정하고 이해할 수 있도록 communication해야 한다.

최근 이러한 가이드라인과 기대치관리 관행이 법에 의해서는 부정적으로 인식될 수도 있을 가능성이 보여 매우 안타깝다. 최근 J사가 시장의 대변인격인 증권사애널리스트들을 통해 서프라이즈를 줄여보고자 너무 높았던 시장의 기대치를 관리하려 했던 행위가, 공정 공시 위반 그리고 나아가서는 IR담당자의 내부거래정보유용에 따른 부당이득 혐의로 법정에 섰다. 만약 이 재판에서 피고 즉 IR담당자가 패소한다면 앞으로 회사는 어떠한 경우에도 재무제표의 매출과 이익의 금액뿐만 아니라 실적 등락의 방향성을 추정할 수 있는 어떠한 언급도 애널리스트들에게만 하게 되면 매우 곤란한 상황에 빠질 수 있으니 이 사건의 판결이 나올 때까지는 최대한 이러한 부분을 유념해야 하는 것이 현실이다. 그러나 그렇게 된다면 이것은 IR활동, 나아가서는 기업경영의 가장 중요한 투명성을 해치는, 논란의 여지가 매우 높은 판례가 될 것이다.

미국 투자 Risk 및 지배구조관련 컨설팅사인 KKS Advisors는 가이드를 제공하다가 하지 않을 경우 1. 시장에 기업에 대한 불확실성(Uncertainty)을 키우며 2. 경영에 대한 불투명성(Opacity)이 커지며 3. 지배구조에 대한 좋지 않은 (bad governance) 징조sign 로 받아드려질 것이라 경고하고 있다.

가이드라인 제공의 기피는 도리어 기업 가치에 영향을 미치는 중요한 정보들이 시장에 전달되지 않게 되어 기업내부관계자들만 알고 있는 상황이 됨으로 정보비대칭성은 도리어 악화되는 결과를 초래한다고 보기 때문이다. 미국 SEC는 이러한 여러 가지 이유로 1980년 가이드라인 제공을 합법화하였을 뿐만 아니라 그 이후 권장(Encourage) 하고 있다고 알려진다. 따라서 공정 공시 규제의 엄격한 적용은 기업으로 하여금 투자가들이 알아야 할 필요정보를 더욱 공개하지 않는 쪽으로 회귀할 가능성이 훨씬 크며, 이 경우 그렇지 않아도 중국과 인도 등 이머징 시장으로 이탈하고 있는 외국인투자가들이 늘어날 것이라, 많은 IR담당자들이 우려하고 있는데 만약 이를 내부자거래로 판결한다면 사실상 법적 대응력이 있는 대기업을 제외한 많은 중소기업들은 시장과의 모든 대화를 포기할 것이며 이로 인해 건전한 해외자본의 탈한국 현상은 더욱 더 가속화되고, 루머만 가득한 시장에 정보의 진위와는 관계없이 단기 차액만을 노리는 투기꾼들만 남게 될 것 같아 참으로 안타깝다.

개인적으로 공정공시라는 룰이 그 취지는 좋고 필요하지만 정보를 접하는 모든 이들의 이해력과 지식수준이 다른 상황에서 모든 이들에게 같은 깊이의 정보를 전달한다는 것은 사실상 불가능하기 때문에 매우 조심스럽게 적용되어야 한다고 생각한다. 자본시장은 기업과 투자가(기관, 개인) 사이의 전문성 부족으로 인한 갭을 줄이기 위해 그 분야의 전문가인 애널리스트라는 매개체를 활용하는데 이런 역할을 하는 애널리스트들이 잘못된 의견이나 정보를 시장에 발표할 가능성이 있다면 이를 바로 잡아주는 것 또한 우리 IR 담당자들의 임무가 아닐까 싶다.

그리고 이 과정에서 어느 정도의 정보 비대칭성의 유발은 불가피한 현실이며, 그럼에도 불구하고 IR담당자가 몇몇 애널리스트들의 잘못된 실적견해를 바로 잡아 줌으로써 자신의 유익을 구했을 것이라는 추정은 자본시장의 매커니즘상 불가능한 억측이다. 만약 IR담당자가 자신이 제공하는 정보가 주가의 등락을 좌우하는 것임을 확신한다면 누구에게도 말하지 않고 대차거래를 한 후 갑자기 나쁜 뉴스를 터뜨려 하한가를 유도하여 엄청난 이익을 노리는 것이 더욱 현실적인 방법이었을 테니 말이다.

그러나 이든 저든 모든 것이 비현실적인 이유는 주가는 너무나 예측할 수 없는 많은 변수로 움직이고 지금 이 정보가 과연 얼마나 주가에 영향을 미칠 수 있는지는 누구도 장담할 수 없기 때문이다. 특히 J사 처럼 시가총액이 수십 조에 달하는 큰 회사가 한 변수로 인해 주가가 하락한다고 예측한다는 것은 사실상 불가능한 일이라 생각하며, 따라서 J사의 IR담당자가 개인의 유익을 위해 애널리스트들의 잘못된 의견을 바로 잡아준다는 것은 너무나 큰 비약이 아닐까 생각한다.

이미 많은 기업들이 공정공시를 핑계 삼아 개인이든 기관투자가든 정보제공 자체를 거부하거나 아주 기본적인 정보만 제공하기도 한다. 이 와중에 최근 J사 케이스를 보면서 그렇지 않아도 폐쇄적인 한국기업들 더욱 더 정보를 걸어 잠그는 쪽으로 퇴행할까 걱정이다. 성장 동력이 떨어진 한국기업들이 중국이나 이머징 국가 기업들에 비해 매력이 떨어져 점점 외국자본들이 한국을 떠나고 있는 게 현실인 이때 부디 한국기업들이 다시 한 번 적극적으로 IR활동에 임하여 많은 외국인 투자가들이 한국자본시장을 찾게 됐으면 좋겠다. 그리고 이로 인해 각 기업의 자금조달 비용을 더욱 낮추어 더 적극적인 투자활동으로 이어지고, 이것이 한국경제에 일조하는 선순환의 계기가 되길 바란다.

어쨌든 회사가 시장에서 좋은 평가를 받으려면 투자자들로 하여금 회사의 미래에 대한 가시성 visibility를 높여줘야 한다. 향후 회사가 여러 가지 암초나 기회를 만났을 때 어떻게 행동할 것인지를 추정할 수 있도록 회사의 정책이나 방향성 그리고 성향들을 지속적으로 알려주고 이해시키는 것이다. 결국 기업도 사람 같아서 신뢰를 얻기 위해서는 배려와 솔직함이 필요하다. 누구말대로 결국 경영에서 상식을 크게 뛰어넘는 일이 별로 없다는 것, 투자자와 관계에서도 예외는 아닐 것이다.

시장의 의견을 경청하고 때때로 전략에 반영핤는 모습이 필요하다.

IR의 궁극적 목표중 하나는 투자자들을 내 편으로 만드는 것이다. 투자자를 내편으로 만들려면 그들의 이야기를 들어주면 된다. 아니 단순히 듣는 것이 아니라 경청해야 한다. 사람과 사람의 관계가 모두 그렇듯이 내 의견을 경청하는 사람과 친해지는 것은 모든 관계에서 마찬가지이다.

경청뿐만 아니라 그들의 목소리를 대변해 준다면 금상첨화이다. 많은 경영진들이 투자자를 대변하는 IR팀에 대해 불만을 많이 가진다. 마치 IR팀이 회사경영진의 '앤티' 인양 비쳐지기 때문이다. 그러나 만약 IR팀이 본인들의 안위를 위해 주주들의 의견과는 반대로 왜곡해서 전달하거나 아예 전달하지 않는다면 결국 그 손해는 모두에게 돌아간다,

IR팀은 태생적으로 내부적으로 볼 때 '앤티'가 될 수밖에 없다. 경영진이 추진하는 또는 추진하지 않는 활동들이 주주들의 이익과 생각에는 전혀 흡족하지 않는 경우가 많기 때문이다. 또한 회사가 잘한다는 이야기는 주가가 가파르게 상승하는 동안이 아닌 이상 기대하기 어렵다. 주가는 대부분 옆으로 기거나 지지부진 하다가 갑자기 짧은 기간 동안

상승하고 다시 지지부진 하는 것이 일반적이기 때문이다. 주주들은 대부분의 시간을 지지부진한 주가를 보면서 견뎌야 하는데 이것이 그들에 입장에서도 만만한 일은 아니고 상당한 스트레스와 고통의 시간일 수밖에 없다. 따라서 그들은 회사가 뭔가 일을 내주길 바라고 실적을 크게 키워주길 주문 할 수밖에 없다. 그러면서 한편, 만약 회사가 주주들의 눈으로 보기에는 엉뚱한 짓을 한다면, 그 동안 쌓인 스트레스가 한꺼번에 폭발하며 이로 인해 주가가 과잉반응 하는 경우도 종종 있다.

경영자 입장에서 "니들이 뭘 알아!"하는 마음이 생기겠지만 "상장회사"로서 치러야 할 비용으로 생각하고 그들의 말을 경청하고 반영하는 제스처를 취해줌으로써 그들을 경영진의 가장 든든한 지원자로 만든다면 (자본)시장은 결국 회사와 경영진의 큰 자산이 될 것이다.

M&A는 약보다는 독일 가능성이 높다.

M&A는 IR에게 있어서 가장 피하고 싶은 일 중에 하나이다. 많은 M&A가 너무 비싸거나 핵심역량과는 무관하기 때문이고 최소한 투자자들의 눈에는 대부분의 M&A가 오너의 욕심 때문이라 판단되기 때문이다. 문제는 많은 경영

자들이 IR에게 어떻게 해서든 주주들의 반발을 최소화하길 원하며, 그렇게 하기 위해 여러 가지 "핑계"들을 잘 발굴하여 주주들을 설득하길 원한다. 그래서 많은 회사들이 "IR을 잘한다 = 적당한 핑계들을 잘 둘러댄다." 로 착각하는 경향이 있는 것 같다.

물론 그런 능력이 전혀 필요 없다는 얘기는 아니다. 내부적인 여러 가지 문제로 할 수 없는 말들을 잘 포장하고 적당히 둘러대는 임기응변능력은 어떤 분야에서든지 필요할 때가 있다. 투자자들도 사실 그런 적당한 핑계를 잘 대주길 바란다. 그러나 그것도 한 두 번이지 매번 그럴 수는 없다.

투자자들을 대변하는 입장이 되어야 그들을 내편으로 만들 수 있을 것이고, 회사가 언제나 경영진 입장만 고집하고 회사입장만을 전달하는 IR을 원한다면 투자자들을 결코 회사편으로 만들 수 없다. 회사에 손해가 가지 않거나 전략방향에 맞지 않는 경우가 아닌 선에서 투자자들의 니즈도 충족시켜주고 들어주기도 하면서 경영을 할 필요가 있다.

많은 회사들이 실속 없이 커지고만 싶은 욕심을 기초로 M&A를 시도했다가 결국 나락으로 떨어지는 사례들이 너무나 많이 널려 있다.

M&A 역시 투자나 마찬가지가 아닌가 싶다. 따라서 주식 투자의 기초를 지켜서 해야 한다. 사이클을 잘 읽어 무릎에서 사는 시도가 필요하며, 금리가 역사적으로 볼 때 낮은 수준이면서 앞으로 계속 하락하거나 최소한 가파르게 상승하지 않을 상황에서 시도해야 유동성 risk를 최소화할 수 있을 것이다. 그리고 그럼에도 불구하고 최악의 상황 예컨대 산업 사이클에 가장 꼭지 peak에서 M&A를 한 것으로 판명되었을 때 어떻게 대응 할 것인가 하는 contingency plan까지 가지고 해야 한다. 사람이 자기 확신에 눈이 멀어버리면 이런 기초적인 rule들이 모두 무시되어 버린다. 투자자들은 바로 이것을 걱정하는 것이다. 눈이 멀어버리는 순간 일관성 없는 경영, 일관성 없는 정책, 어디로 튈지 모르는 전략 그런 것들이 회사를 나락으로 떨어뜨리고 투자자들에게 엄청난 손해를 가져다주기 때문이다.

물론 투자자들이 항상 옳은 것은 아니다. L전자가 L정보통신을 인수합병 할 때 L정보통신의 주주들은 모두 반대했고 매수청구권이 70%가 넘었다. 그러나 결과적으로 보면 L전자는 L정보통신의 핸드폰사업으로 지금까지 성장해왔고 L정보통신 역시 통신시스템시장의 붕괴 직전에 M&A되었기 때문에 모두에게 win-win이 되었다라고 판단된다. 냉정하게 그런 것들을 모두 염두에 둔 엄청난 혜안으로 한 것인지는 나는 모른다. 그러나 확실한 것은 미래는 아무도 모르며 가끔은 이런 시도가 필요할 때가 있기 때문에 무조건적인 반대도 바람직한 것은 아니라는 것이다. 그러나 산업 사이클 상 현재 저가인지 고가인지 무리한 차입으로 인해 현금흐름에 큰 차질이 도래하여 부도의 위험까지 갈 수 있는 가능성은 얼마나 있는지 등을 고려해보는 것은 너무나도 기초적인 것임에도 불구하고, 그런 우려나 주장은 발목을 잡는 귀찮은 의견으로만 취급하고 장밋빛 미래에 대한 의견만을 듣고 싶어 하는 마음은 없는지 스스로 점검해봐야 할 것이다.

또한 시장에 대한 태도 즉 "너희들이 뭘 알아! 가만히 있으면 내가 다 알아서 잘한다니까." 라는 태도는 시장으로 하여금 그 기업에는 다시는 투자하지 않을 마음을 주기마련이다. 기업입장에서는 이왕 할 거 주주들을 잘 설득하고 다독거리며 결국 내 편으로 만들면서 경영진들의 신념도 추진해 나간다면 모두에게 이득이다. 반대한다고 해서 적대시하고 너희들이 뭘 알아! 라는 태도로 무시를 하면 결국 그것은 등을 돌리고 싸우겠다는 것 밖에는 되지 않을 것이다.

만약 주주들이 경영진의 신념에 반대해서 주주청구권을 신청한다고 해도 친절히 그들의 요청을 받아들이고(어차피 받아들여야 하므로) 대신 향후 그들이 잘 못 판단했다고 생각하도록 꾸준히 노력할 각오가 필요할 것이다. 또한 그들이 그렇게 반대를 한다면 그 이유를 경청하고 그런 부분들이 충분히 해소될 수 있는 방안에 대해 고민해보는 게 회사에게 득이 아닐까 싶다.

오늘 스토리는 1년 전 세운 전략의 결과이다

지금부터라도 스토리를 준비해야한다. 실적은 현재의 모습, 현재의 가치만을 보여준다. 그러나 주가의 대부분은 미래가치이고 미래가치는 경영진이 세운 전략에 따라 결정된다. 전략이란 "목표를 세우고, 그 목표를 달성하는 방법을 세우는 것"이라고 정의된다. 많은 경우 M&A나 신사업 등을 추진하고 그것이 가시화되기까지는 1년 이상의 세월이 걸리게 마련이다.

경영진이 끊임없이 회사를 성장시키려고 고민하고 노력하고 있다면 항상 무엇인가를 기획하고 추진해보려 할 텐데, 이것이 대부분 IR스토리의 기초가 된다. 현실에 안주하지 않고 새로운 시도를 하는 회사는 risk는 올라가지만 그것들을 겪으며 그만큼 risk관리능력도 발달하게 되고 결국 성장과 안정성을 모두 겸비하는 실력을 키우게 된다. 극단적인 올인 투자나 과도한 차입을 통한 문어발식 성장도 위험하지만 아무것도 하지 않는 회사 역시 매우 위험한 회사이며, 특히 투자자들에게 환영받을 회사는 못된다. 실력 있는 경영진이란 바로 이 미묘한 라인을 잘 관리 manage하는 사람들이 아닌가 싶다.

주주들은 리스크를 잘 관리하면서도 미래가치를 올리려는 시도, 지금보다 성장하고 더 큰 수익을 내려는 고민. 이런 것들을 하라고 경영진을 그 자리에 앉혔고 지원하고 있다고 생각한다. 그러나 경영진이 그러한 기대에 부흥하지 못하면, 주주들은 주주됨을 포기하고 주식을 매각하거나 경영진의 퇴진을 요구하기도 한다. 그리고 이런 주주들이 많으면 많을수록 주가는 나락으로 떨어질 수밖에 없다는 것은 어쩌면 지극히 상식적인 일일 것이다.

시장에서 좋은 평가를 받으려면 당장 이야기할 스토리가 없더라도 지금부터 그 스토리를 발굴하고 추진해서 최소한 1년 후에는 무엇인가 말할 수 있는 이야기꺼리를 고민하기 시작하라. 그리고 그것이 모두 완성되기 전에 또 다른 것을 추진하여 또 다른 1년 후에 이야기꺼리를 만들어라. 언제나 미래를 준비하는 스토리가 있는 회사를 싫어하는 투자자들은 한명도 없을 것이다.

CEO, CFO 주가

CEO 주가

모든 것이 유사한 회사 둘이 있다고 가정했을 때 CEO가 직접 IR을 하는 회사와 안하는 회사 중 어떤 회사에 투자하겠냐 하면 그들의 90% 이상이 CEO가 직접 IR하는 회사에 투자하겠다고 한다. 이는 주가를 같은 조건아래 CEO의 참여만으로 크게 상승 시킬 수 있다는 이야기가 된다. 거꾸로 이야기하면 CEO가 전혀 IR 활동에 참여하지 않는 회사의 지금 주가는 원래 적정주가 보다 많이 낮다는 말일 것이다.

많은 CEO들이 이런 사실을 알고 한 두 번 적극적인 행보를 보여주기도 한다. 그러나 투자자들은 그렇게 쉽게 감동하지 않는다. 급할 때 한 두 번 하다가 좋아지면 사라지는 경우들을 많이 봐왔기 때문이다.

기업의 모든 부분이 다 비슷하겠지만 어떤 목표든 달성여부에 가장 큰 변수로 작용하는 것이 CEO의 의지이다. 평소에 코빼기도 보이지 않던 CEO가 갑자기 IR미팅을 하거나 발표회에 참석하면 애널리스트들이나 투자자들은 분명히 뭔가 나쁜 뉴스(투자자 입장에서)가 있다고 생각한다. 그리고 경험상 대부분, 투자자들의 불길한 예감이 적중한다.

상장사라면 어느 기업이든지 언젠가 분명 투자자 investor community의 협조를 얻어내야 하는 일이 벌이질 수밖에 없는 시점에 부딪치게 된다. 예를 들면 대규모 M&A시, 매수 청구 문제들을 큰 무리 없이 잘 진행되게 하는 것 등.

따라서 이런 중요한 순간 investor community의 절대적 신임과 지원을 얻기 위해서는 평소에 그들과의 관계구축이 중요하다. 만약 도저히 직접 나서는 것에 편안하지 않으면 최소한 시스템이 돌아갈 수 있도록 원격지원을 하는 것도 많은 도움이 된다.

사람만큼 시스템도 중요하다.

IR은 마치 수도꼭지 같은 거라 생각한다. 물을 사용하려면 수도꼭지가 일반적으로 쓰인다. 그러나 수도꼭지에 물이 잘 나오게 하려면 전체적인 수도시스템이 잘 만들어져 있어야 한다. IR도 마찬가지다. 물론 수도꼭지 자체가 잘 작동하는 것도 중요하지만 사실 큰 변수는 안 된다. 제대로 된 물이 수도꼭지를 통해 잘 나오게 하려면 일단 잘 정수된 물이 수압도 좋고 또 녹슬지 않은 수도관을 통해 수도꼭지까지 잘 전달돼 주어야 한다.

이와 마찬가지로 IR로 하여금 회사의 현황과 정책이 시장으로 잘 흘러가게 하려면 적정한 정보를 적시에 공개할 수 있도록 시스템을 갖춰야 한다.

그러나 수도관이 막히듯 정보가 전혀 순환되지 않는 조직들이 있는데, 이때 이 동맥경화 같은 현상을 일으키는 원인이 바로 Silo 즉 부서간의 벽 또는 부서이기주의다.

Silo의 해결은 CEO가

사실 부서들 입장에서는 굳이 IR부서에 협조할 이유가 없다. 경영기획이나 관리부서들의 경우 예산권을 가지고 있든지 아니면 성과평가를 하기 때문에 적극적으로 협조를 하지만, IR부서에게 협조할 인센티브는 거의 없다. 사실 IR이 요구하는 정보들이 손도 많이 가고 또 제공해도 별로 돌아오는 것도 없고, 문제가 되면 역풍을 맞을 수도 있는 민감한 자료들이 많아 선뜻 주기가 어려운 정보들이다. 특히 이런 정보를 가지고 있는 부서들은 회사 내에서 입지도 있고 소위 잘나가는 부서들이라 타부서들의 협조 요청을 무시한들 뭐라고 할 수 없는 경우가 많다. 특히 M&A를 담당하는 부서나 연구소, 마케팅 부서들의 경우 사실 회사를 먹여 살리거나 오너의 이해관계를 다루는 중요한 입장에 있기 때문에 자칫 회사 내에서 갑옷(?)을 입고 있게 될 경우가 많다는 이야기다.

그래서 CEO의 역할이 중요한데 이 부서들을 움직이게 할 수 있는 방법은 오로지 CEO의 강력한 드라이브나 협조요청 이외는 없을 경우가 많다. 물론 IR 부서장들이 직접 해당부서와 좋은 관계제고를 통해 이를 얻어낼 수도 있겠지만 CEO의 의지가 있다면 훨씬 더 좋은 성과를 낼 수 있다. 아무런 인센티브 없는 일반부서들로 하여금 IR을 위해 정보를 제공하는 건 생각보다 그리 달가운 일이 아니다. 그렇지 않아도 업무에 치여 있는데 말이다. 이때 CEO의 협조 요청 한마디는 분명 큰 힘을 발휘해 줄 것이다. 그런 것이 정착되고 구태여 CEO의 협조 요청이 없어도 다들 잘 알아서 협조하는 시스템을 만드는 것, 그것이 IR을 잘 하는 회사냐 아니냐를 결정한다.

물론 IR의 성과책임이 있는 IRO나 또는 CFO, CSO 등이 회사에 워낙 중역이고 또 힘이 있어서 그들의 협조 요청만으로 IR이 충분히 원하는 자료를 얻을 수 있을지 모른다. 그런 경우라면 다행이지만 대부분의 회사의 경우 IRO는 부장급 이거나 외부에서 영입된 초임 임원이거나 하여, 회사에서 다른 부서들을 움직일 만큼 강한 입지를 가지지 못한 경우가 많다. 어느 회사든지 직책과 권한이 일치하지는 않으며 특히 내부조직을 움직일 수 있는 사람의 경우 굳이 높은 타이틀이 아닐 수도 있다. 이런 의미에서 외부영입 임원은 조직 내 실질적인 영향력을 행사하기는 매우 어려운 게 사실이다. 이 경우 그가 내부적으로 영향력을 행사할 수 있을 때까지 CEO의 도움이 필요하다.

CFO 주가

IR을 잘하는 회사들의 특징은 CEO의 강력한 지원 아래 CFO가 직접 이 시스템을 구현시킨다는 것에 있다. 대부분 CEO들은 마케팅 통이나 세일즈 통이라, 재무가 중심이 되는 IR시스템을 갖추는 데 실무적인 조언을 하기는 힘들지만 CFO는 그것을 직접 구현하는 것이 가능하고 그래서 각 사업부분들과 해당 사업부분들의 지원담당자들의 적극적인 협조를 이끌어내기에도 적절한 위치이다. IR 부서장은 대부분 중간관리자이므로 다른 부서들로 하여금 IR 중심으로 움직이게 할 만한 힘이 없는 것에 비해 CFO는 그것이 가능하다.

또한 최근에는 기업들이 속한 산업이 성숙단계로 진입하면서 organic growth(기존사업의 매출성장)만으로는 성장을 하기 힘들게 되면서 M&A를 통한 성장을 도모하게 되고 그로 인해 CFO의 역할이 CEO 못지않게 중요해 지고 있다. 특히 어떤 기업의 경우 Super CFO라는 호칭을 받을 정도로 재무, IR, 회계, 예산, 성과평과 뿐만 아니라 인사까지 모두 관장하는 경우가 생기면서 투자자들에게 있어서 실제적으로 CEO 보다 CFO가 더 중요하고 의미 있는 정보를 가질 수도 있다.

CEO의 경우 일반적으로 마케팅 출신들이 많이 포진 되어 있어, 재무 분야에 대한 실질적인 대안을 내고 결정을 하는 역할을 CFO가 하기 때문에 그들의 의견을 좀 더 의미 있게 회사의 정책에 반영하고 또 주주들의 가치에 좀 더 유리한 결정을 선택해주는 경우가 많아 CFO주가라는 말도 심심치 않게 들리곤 한다.

CEO든, CFO든 최고경영자들로써, 조직이란 어차피 각자 맡은 자리에서 최선을 다하되 무엇이 조직의 장기적인 발전에 필요한 것인지 판단하고 설사 어떤 일이 내 조직에 해가 되더라도 더 큰 그림에서 판단을 하여 행동하는 사람이 필요하지만, 안타깝게도 조직은 언제나 눈에 보이는 성과만 가지고 판단할 수 있는 것이 아니므로 그것을 어떻게 뛰어넘어 공정한 평가를 할 수 있느냐가 CEO의 가장 중요한 업무이며 넘어서야 할 고개가 아닌가 생각해본다.

동기부여 – 우리사주나 stock option

우리사주를 통해 조직원들에게 주가의 중요성을 고취시켜줄 수 있다. D사의 경우 현재 각 직급에 따라 우리사주에 투자할 수 있는 기회를 준다. 임원의 경우 최대 100만 원까지 우리사주에 부을 수 있는데 이 경우 75%를 매칭 시켜준다. 쉽게 이야기하면 100만원을 월급에서 땐 후 75만원을 회사에서 부담하여 향후 퇴직 후 175만원+주가상승분을 돌려주는 시스템이다. 이러다보니 3년 정도 다니면 대부분의 조직원들은, 수천만 원이 우리사주에 들어가 있는데 지난 3년간 주가가 40% 이상 상승하여 사실 천만 원을 우리사주에 납부한 직원의 경우 2500만 원 가량을 돌려받을 수 있게 된 것이다.

이렇게 주가가 그들의 부에 직접적인 영향을 주게 되니 모든 부서들이 주가에 관심을 안 가질 수 없게 되었고 이로 인해 IR부서에 대한 협조도 어느 회사들보다 더욱 수월하게 얻어낼 수 있다.

K사의 경우 임원들은 stock option을 통해 부를 창출하는데 그러다보니 임원들이 주가에 대한 관심이 대단하다. 그래서 주가가 떨어지면 은근히 IR 부서를 압박하는데 이때 해당 부서들의 협조에 대해 불만을 표현하면 협조의 수위가 달라지는 경우를 종종 경험하게 된다.

이렇게 말로가 아니라 실제적인 인센티브를 통해 IR을 전 조직원들이 함께 참여하게 하는 것이 중요하다. 실제적으로 이런 회사들의 주가 추이를 분석해보면 작동하는 인센티브가 있는 회사들의 주가 추이와 그렇지 않는 회사들의 주가 추이는 어느 순간 큰 격차를 보여준다는 것이 일반적인 견해이다.

L전자 Case

2000년 초 L전자의 경우 생활가전과 TV, 컴퓨터 관련 제품 그리고 통신시스템과 휴대폰사업을 하고 있었다. 각 분야의 수익구조를 비교해보면 생활가전이 가장 수익성이 높았고 성장성도 그리 나쁜 편이 아니었다. 그러나 투자자들의 관심은 마진이 상대적으로 낮은 데도 불구하고 오로지 휴대폰에 있었는데, 그래서 IR 부서는 마진 낮은 휴대폰사업보다는 마진이 좋은 가전사업 쪽을 더 어필 해보려 했으나 도저히 그들의 관심을 휴대폰에서 가전으로 바꿀 수는 없었다. 그리고 결국 나중에 그들이 왜 핸드폰에 관심을 더 가질 수밖에 없었는지 그 시장의 폭발력과 영향력을 보면서 깨닫게 되었는데, 핸드폰은 당장 마진은 조금 낮을지 몰라도 거의 1년마다 한 번씩 바꾸는 유행성 상품일 뿐만 아니라 고객 충성도가 높아 누가 선점을 먼저 하느냐에 따라 향후 회사의 성장성뿐만 아니라 수익성에 가장 큰 개선을 가져올 가능성이 매우 높은 분야였다. 또한 핸드폰산업의 발전은 결국 인터넷을 대체할 만큼 엄청난 파급효과를 가져오는 산업임을 간파했다. 이는 에어컨이나 냉장고로써는 비교할 수 없는 수준이라는 사실을 알게 되기까지 그리 오래 걸리지 않았다는 것이다.

따라서 IRO로써는 경영진에게 이런 투자자들이 혜안을 전달하고 경영진들로 하여금 앞으로 패러다임을 변화시키는 이 엄청난 산업에 지속적으로 투자하고 앞서나가기를 종용하도록 해야 했다. 지금은 이것이 너무나도 뻔한 이야기일지 모르나 과거 2000초에는 그리 설득력 있는 이야기가 아니었다. 삼성전자가 20%대의 핸드폰사업 영업마진을 기록하고 있었기에, LG로써도 그것을 쫓아가야 한다는 승부욕을 자극했기에 지속적으로 투자한 것이었지만 그럼에도 불구하고 사람들의 패러다임을 바꾸고 facebook, twitter 등

각종 SNS 산업의 육성과 발전을 조성한 것이 휴대폰이라는 것을 그 당시에는 상상조차 하지 못했던 것 같다. 반면 투자자들은 구체적이지는 않지만 어쨌든 '뭔가 있다."라는 느낌을 대부분 가지고 있었던 것 같다.

당시 L전자 CFO는 핸드폰사업과 LCD 사업의 중요성을 간파하여 이 부분에 대한 육성과 재무적 지원을 아끼지 않았을 뿐만 아니라 M&A를 주도하여 주요부품 공급이 원할하도록 수직계열화 vertical integration이 가능하도록 방안을 마련하였다. 그는 그래서 M&A부서와 IR부서를 같은 팀으로 묶어 어떤 부분이 회사의 가장 큰 value를 창출하고 M&A 고려대상이 되어야 하는지를 공유하게 함으로써 아주 효과적인 M&A와 Post M&A관리를 해냄으로써 결과적으로 대내외적으로 매우 높은 non-organic growth를 창출했다는 평가를 받아 승승장구 하였다.

이를 위해 M&A와 IR 팀원들이 공통적으로 재무적인 지식과 분석력을 갖거나, 갖도록 교육훈련을 시키는 동시에 사업 분야별 담당을 두어 각 분야에서는 거의 전문가 수준의 지식을 갖도록 시스템을 구축하였기에 가능하였다 할 수 있다.

IR을 경영진의 앤티 anti로 키워라

Bad cop good cop 전략이란 것이 있다. 부모의 역할을 설명할 때 자주 사용하는 것인데 부모의 한사람이 엄한 경찰 역할을 또 한사람은 따듯한 경찰 역할을 한다는 이야기다. 쉽게 말하면 어머니는 엄하고 아버지는 한없이 자상하게 아이들 교육하여 너무 버릇없이 막 크지도 않고 그렇다고 너무 주눅이 들지도 않게 적절하게 아이를 양육한다는 뜻이다. 이때 아버지들이 대체적으로 쓰는 전략은 어머니의 엄함을 같이 성토하며 그럼에도 불구하고 약자의 입장에서 세상을 살아나가는 것도 배워야 한다는 결론으로 아이들과 공감대를 형성하는 일이다.

IRO 역시 투자자들을 만나 공감대를 형성하는 가장 좋은 방법은 그들이 드러내는 회사에 대한 불만에 대해 공감하고 같이 경영진에 대한 불만들을 인정해 주는 것이다. 이렇게 되면 많은 경영진들이 마치 배반자라도 된 것 마냥 생각할 수 있는데 IRO가 투자자들의 불만을 공감하고 그들의 의견을 가감 없이 회사에 전달한다고 해서 IRO가 경영진을 폄하한다는 뜻으로 해석 되서는 안 될 것이다.

주주들의 비평은 정말로 어떤 비평보다도 솔직할 수 있다.

개인주주의 경우 전 재산을 기관투자자들의 경우 자리를 잃을 수 있기 때문이다. 다만 개인주주들의 경우 내용을 너무 모르고 원색적인 비평으로 감정표현만을 하기 때문에 건설적인 해결책과는 상당히 거리가 있는 대화들만 오고갈 가능성이 크지만, 기관투자자들의 경우 어느 정도의 인격적인 대화가 가능하며 좀 더 깊이 있고 의미 있는 의견교환이 있을 수 있다는 차이는 있다. 그렇지만 근본적으로 주가가 떨어지거나 오랫동안 침체 되어 있다면 분명 투자자들의 기분이 좋지는 않을 것이다. 물론 회사입장에서 주식을 사라고 권고한 적도 없고 주가는 누군가 돈이 필요해 시장에서 매도하여 떨어지는 단순한 수요공급의 미스매치일 뿐인데, 왜 미안해야하는지 이해가 안갈 수도 있다. 그러나 시장에 손을 내밀어 자금을 조달했고 또한 앞으로 그럴 필요가 있을 수 있다는 전제아래 시장과 좋은 관계를 유지하려는 시도는 분명 필요하다.

그러기 위해서는 경영진은 IR팀이 솔직하게 경영진에게 투자자들의 의견을 전달될 수 있는 분위기를 만들어 줘야 한다. 기관투자자들이 도대체 어떤 이야기를 하고 있는지 그들 입장에서 어떤 것이 불만인지 등을 수시로 IR팀을 통해 모니터링 해야 한다. 또한 IRO는 경영진에게 있는 그대로 전하거나 최대한 회사가 움직일 필요가 있는 사항에 대해서는 강하게 전달해야 할 것이다. 회사의 문화가 오로지 위에서 아래로만 일방적으로 전달되고, 아래에서 위로 의사소통이 거의 불가능한 분위기라면 IRO 역시 목숨을 걸어가며 그야 말로 "찍힐 이야기"를 할 가능성은 만무하지만, 이것은 'IR을 잘하는 것' 차원을 넘어서 '경영을 잘하는 것' 차원의 이야기인 것 같다. 있는 그대로를 이야기할 수 있는 문화가 조성되는 것이 IR차원을 넘어 좋은 경영시스템을 구축하는 데 있어서 가장 중요한 문제임에는 틀림이 없다.

IR이 제대로 작동한다는 것은 투자자들의 회사에 대한 이미지와 평가를 경영진이 명확하게 알고, 잘하는 것은 더 잘하도록 하는 동시에 부족한 것은 개선시킬 수 있다는 것이며, 또 한편으로는 지금은 투자자들이 납득할 수 없는 경영진의 전략적 선택, 또는 정책수립 등이 있더라도 투자자들이 회사를 믿고 기다려줄 수 있도록 그들과의 진정성 있는 관계구축이 필요하다. 그러기 위해서는 IRO가 경영진의 경영선택에 투자자들이 보일 반응을 그대로 전할 수 있도록 해야 한다. 그 경우 회사는 투자자들의 불만폭발을 미리 차단하거나 다독거릴 수 있는 의미 있는 방법과 대안을 찾아 후유증을 최소화 할 수 있다. 그러나 많은 회사가 결정된 모든 사항을 IRO를 통해 일방적으로 발표하고 투자자들이 반대하거나 반응이 좋지 않으면 그것을 오로지 IRO의 잘못으로 돌려 끝내지만 그렇게 한들 근본적인 문제가 해결될 리는 만무하다.

E사의 소통문화 개선노력과 반쪽의 성공

E사는 과거 경직적인 기업문화에서 탈피하여 소통이 자유롭고 사고가 개방적인 문화를 만들어 보려고 여러 가지 각도에서 시도했으며 성공적인 것으로 알고 있다. 그러나 IR에서 만큼은 오너와의 직접적인 이해관계 등이 얽혀있어 불투명함을 탈피하지 못하고 있던 중, 인수방안이 언론에 공개되자 주가는 곤두박질쳤고 담당 IRO는 책임을 면지 못했다고 알려졌다.

많은 회사들이 과장 이하의 일반 직원 사이에서는 이런 수평적이고 개방적인 문화를 표방하지만 부서장급 사이에서는 여전히 CEO는 말하고 임원은 듣는 수준을 벗어나지 못하고 있는 것 같고 특히 사항이 민감할수록(오너의 재산이나 사생활 관련 등) 더욱 그렇다는 것이다. 문화는 절대적으로 위에서 아래로 흐른다. 위가 바뀌지 않으며 아무리 일반직원들 사이에 그런 문화가 형성되는 듯 보여도 결국 어떤 사건을 계기로 그것은 윈도우 드레싱 정도의 효과 밖에 없었다는 것이 여실하게 드러난다.

IR같이 회사정책에 민감한 부분, 오너들의 이익에 직접적인 영향을 미치는 경우 더 심한데 이런 부분일수록 CEO는 더욱더 소통이 원활할 수 있도록 분위기를 조성하고 특히 반대의 목소리, 덜 정치적인 비판이 자유롭게 오갈 수 있도록 노력해야한다.

"꼭 그렇게까지 할 필요 있나?"

필자가 IR담당으로 일하면서 꽤 자주 듣는 경영자들의 반응이다. 적극적인 IR 활동은 어쨌든 돈이 들기 마련인데 IR팀이 소위 눈에 보이는 매출창출부서가 아닌 비용센터 cost center이다 보니 비용마인드가 가장 걸림돌이다. IR은 돈을 벌어오는 조직이 아니라 만약 어떤 return을 기대할 수 있냐고 물어오면 사실 별로 할 말이 없다. 돈을 들여 IR을 적극적으로 해도 주가가 안 오르면 마치 투자대비 return이 없다고 느끼기 때문이다. 그러나 그렇지 않다. IR을 적극적으로 하게 된 회사들을 보면 대부분 안 해서 치러야 했던 비용 때문이다. IR이라는 것이 평소에는 별로 진가를 발휘하지 않다가 갑자기 경영권 위기나 M&A 이슈들에 노출되면 그때부터 진가를 발휘한다. 평소에 꾸준히 IR

을 해오던 회사는 그런 위기의 순간에 주주들의 힘을 규합할 수 있지만 그렇지 않은 회사는 그때부터 부랴부랴 힘겹고 효과도 별로 없을 가능성이 많다. IR은 신뢰를 쌓는 과정인데 신뢰란 게 어디 하루 이틀에 쌓이는 일이겠는가.

그럼에도 불구하고 우리나라 회사들이 발등에 불이 떨어지지 않으면 미리미리 움직이는 일이 별로 없다. 그래서 평소에 IR 하는데 별로 협조 안하다가 갑자기 문제가 생기면 그 모든 책임을 IR에 묻는데 그래서 IR 담당자들을 바꾼들 그때는 이미 아무런 소용이 없기 마련이다.

F사가 바로 그런 case인데 평소에 투자자들이, 얄밉다고 생각할 정도로 사주가 몇 번이나 가장 비싼 가격에 그의 주식을 시장에 내 팔고 그리고 나서는 주가는 떨어지고 하는 일들을 몇 번 반복했다. IRO로서 투자자들을 만나보면 한결 같이 그들은 "회장님과 주식게임에서 이길 수 없다." "우리 머리꼭대기에 앉아계신 것 같다."라고 비아냥거리기 일쑤였다. 사실 그렇게 비쳐질 일은 단 두 번 정도 밖에 없었는데도 불구하고 그렇게 인식되어 있었고 그래서 회사가 주식과 관련된 무엇인가를 하려하면 색안경을 쓰고 보기 일쑤였다. 당시 4만 원 정도 되던 주가는 M&A를 발표한 후 2

만원까지 하락하고 그리고 금융위기가 발발한 이후 10,000원 이하로 떨어졌다가 반등해 12,000원 정도에 유지되었다. 그러나 과거수준까지 올리지 못한다는 이유로 IR팀장을 교체하고 팀 멤버를 대부분 바꿨으나 그 후 주가는 계속 떨어지고 2년이 지나도록 7~8,000원을 벗어나지 못하다가 지속해서 곤두박질쳤다. 그 그룹이 결국 법정관리에 들어가는 수순을 밟은 것을 보면 투자자들이 결코 바보가 아님이 분명하다.

말하고 싶은 것만 말하고 듣고 싶은 것만 들으려는 많은 한국 기업들. 만약 IR이 경영자의 냉정한 눈, 객관적인 귀, 그리고 투명한 입이 될 수 있다면 그 기업의 미래는 분명 밝을 것이다.

그래서 IR이 회사의 앤티가 되는 것이 회사를 살리는 길이라 믿는다.

IR최대의 적, 불투명한 가버낸스

최근 그 그룹사에서 자회사의 주식을 블록으로 매각하려 했다. 그러나 보안이 유지되지 않아 시장에 소문이 나면서 모회사 및 자회사의 주가가 폭락했다. 왜냐면 원래 재무구조

개선 목적으로 매각하려 한 것인데 시장에서는 갖가지 소문이 확대 재생산 되면서 기관들의 매도물량이 쏟아졌기 때문이다. 모회사의 주가뿐만 아니라 자회사의 주가까지도 모두 피해를 보는 그런 결과가 있었는데, 이는 오너의 짧은 안목과 직접 투자자들과 소통하려는 의지가 전혀 없었기 때문이다.

대부분의 오너 경영자들이 직접 투자자들과 소통하지 않는다. 회사가 막 발돋움하고 성장할 때는 직접 하던 것을, 어느 정도 회사가 수준에 오르고 본인의 사회적 지위가 상승하면 더 이상 그렇게 하는 것이 본인의 수준에 맞지 않는 일이라 생각하는 것 같다. 물론 그가 하는 한마디 한마디가 이슈가 되고 가지를 쳐, 고객, 정부, 거래처 등으로부터 쓸데없는 오해를 얻게 되는 경우 때문에 본인도 그렇고 또 회사의 임원들 역시 오너를 꼭꼭 숨겨두려고 한다. 그러나 잭 웰치 또는 스티브 잡스 등 한국 기업의 10~20배 이상 되는 미국 기업의 CEO들도 직접 투자자들을 만나는 것을 감안하면 우리나라 기업총수들은 너무 몸을 사리는 경향이 있다고 생각된다.

그러나 본인의 자산이 본인의 노력에 따라 몇 배가 될 수 있음에도 불구하고 그러저러한 이유로 투명할 수 없는 것은 어차피 자기가 아닌가 싶다.

필자의 경험상 오너들 역시 투자자들의 실망으로 인한 회사의 주가하락으로 인해 고통 받게 되는 것을 보았다. 아무리 자산이 많아도 그 자산들의 가치가 눈앞에서 몇 분의 1로 줄어드는 것을 보면서 기분 좋을 사람은 아무도 없는가보다. 그러려면 불필요한 스포트라이트를 받을 것을 각오하더라도 가신들이 만들어 놓은 던전에서 나와 investor community에 자신을 모습을 드러내고 그룹을 어떻게 만들어 갈 것인지 적극적으로 소통함으로써, 그룹의 자회사들이 불투명성으로 손해를 입지 않도록 노력하는 것이 좋지 않나 싶다. 세상에 공짜는 없으니 말이다.

어쨌든 CEO든 그룹의 총수이던 IR에 관심을 가지지 않는다면 이에 따른 모든 손해를 감내해야한다. 그 원인의 대부분이 투자자들과 직접적인 관계의 부족함, 그리고 Silo든 내부 시스템의 미구축 또는 작동오류이든, 아니면 적절한 권한 위임empowerment의 부재이든 아니면 그 모든 것이 다 원인이든 CEO 특히 오너CEO의 재량으로써만이 해결할 수 있는 것들이 대부분이기 때문에, 그래서 투자자들은 실제적인 권한이 있는 CEO나 오너들의 움직임을 예의주시하게 되는 것이다.

IR담당자에게 가버낸스는 가장 어려운 문제이다. 오너의 재산 그리고 사생활과 직접적으로 연관되는 문제이기 때문에 더욱 그렇다. 아직까지 한국의 많은 기업들이 오너들의 사기업처럼 움직이기에 현실 속에서 IR담당자들이 움직일 수 있는 공간에 한계가 있고, 이것이 IR에게 있어서 가장 어려운 숙제이다.

이제 한국도 시간이 지나 많은 기업들이 3세 4세로 대물림되면서 그들의 지분율이 희석되어가고 그들의 오너쉽이 예전 같지 않은 것도 사실이기에, 가버낸스 문제는 외국처럼 경영과 소유의 분리가 이루어지면서 아주 자연스럽게 시간이 해결해주지 않을까 기대도 해본다.

4장

정례화된 IR활동과
적절한 가이드라인

실적과 주가의 상관관계는 거의 100%이며 따라서 그 실적을 알리는 실적발표회의 중요성은 구태여 말하지 않아도 잘 알 것이다. 애널리스트들과 투자자들을 특정장소에 초대하여 경영진이 한 분기동안의 실적을 이야기하고 해당 이슈들에 대한 시장의 궁금증을 풀어주는 이 시간을 통해 앞으로 회사의 시장가치가 달라질 수 있다. 시장 즉 애널리스트들과 투자자들이 이 시간 발표되는 자료와 답변에 기초하여 회사의 가치를 평가 또는 재평가하기 때문이다.

만약 실적이 좋지 않아 주가가 하락할 것이 자명할 경우 그 실적발표회를 통해 투자자들을 충분히 안심시키고 그들의 신뢰를 다시 한 번 이끌어 낸다면 주가하락은 그렇지 하지 않을 때보다 훨씬 적을 것이다. 물론 그러한 상황이 그들에게 놀라움surprise 으로 다가가지 않도록, 여러 가지 이슈들에 대해 과도하게 반응하지 않도록 연착륙 softlanding 시킬 수 있는가가 실력일 것이다.

실적발표회를 정례화하라

실적발표회 날짜는 매년 정례화 해놓는 것이 좋다. 사람들은 마감일 Deadline에 맞추어 일하는 경향이 강하다. 실적발표회가 결정되면 회계팀 등 관계부서에서 그 날짜에 맞추어 일을 하게 되지만 만약 감사가 끝난 후에 IR 발표를 하고자 하면 많은 문제들에 대한 결정을 미루고 마감날짜는 매일매일 바뀌게 될 것이다. Deadline이 딱히 정해져 있지 않는 Annual Report 작업 시 이런 문제들을 경험하게 되는데 모든 사람들이 나름대로의 기준과 선호를 가지고 있기 때문에 실무자들과 팀장, 그리고 임원들까지 아주 작은 것까지 바꾸려하여 마무리 하지 못하고 다음해 반년이 넘어서야 겨우 완성되게 되는 데 이처럼 실적발표회 역시 그때그때 시간을 내서 하려고 하면 다음분기가 다 되어야 하게 될 수도 있다. 예를 들어 12월 결산의 경우 1분기 실적발표를 한다고 하면 4월 둘째 주 목요일 또는 셋째 주 월요일 등 발표 날을 못 박아 놓으면 회계부서등도 그것을 감안하여 결산하기 때문에 매우 편리하다.

내부 로드쇼와 사내 IR 협의회

IR설명회의 Quality를 높이기 위해서는 각 사업 부분들의 협조가 절실하다. CEO의 적극적인 도움이 있다면 다행이지만 예산평가나 인사권한 등이 없는 IR부서로써는 필요한 내부정보를 얻는 것은 쉬운 일이 아니다. 이때 가장 좋은 방법이 매분기 해당부서들과의 미팅을 정례화 해놓고 IR발표회 때 나올 수 있는 질문들에 대해 직접 찾아가 현장의

의견을 듣는 시간을 갖는 것이다. 이 로드쇼가 매번 거듭
될수록 해당부서 담당자들과의 관계가 나아지고 정보의 깊
이 역시 그 관계의 깊이만큼 나아지게 된다. 실적발표회와
NDR을 통해 만약 투자자들로부터 해당부서에 유용한 정보
나 feedback을 얻게 되었을 때 그들에게 전달해준다면 서
로에게 도움이 되는 관계가 될 수 있으므로 좋은 정보를
교류하는 계기도 될 수 있다. 이렇게 사업부들과의 미팅을
통해 자료의 깊이와 질의응답(Q&A)의 퀄리티를 높여놓은
후 자료를 제작하게 되면 일이 많이 수월해 진다.

그리고 실적발표회 며칠 전 IR과 밀접한 관계가 있는 부서
예를 들면 경영기획이나 회계, 재무, 영업기획, R&D기획부
서장들을 IR협의회에 초대하여 그동안 만들어진 실적발표
자료와 준비된 Q&A를 발표하고 그들의 검토를 받는 것이
좋다. 이를 통해 외부로 노출 되서는 안 될 민감한 사항 등
에 대해 스크리닝screening을 하고 또한 다음분기 실적에
대한 예상들도 논의함으로써 실적발표회의 퀄리티를 한층
더 높여놓을 수 있다. 그리고 이렇게 협의 된 자료와 발표
내용에 대해서는 나중에 문제가 될 소지도 여지도 극히 줄
게 된다.

블랙아웃기간 Blackout Period

실적발표회 날짜가 정해지면 약 2주전부터 black-out기간 (Quiet Period라고도 한다)을 갖는 게 바람직하다. IR미팅과 전화문의를 받지 않는 것이다. Black-out 기간은 공정공시를 위해 필요한 조치이다. 실적발표회전에 누군가 결과를 먼저 알아버린다면 그는 크게 혜택을 누리게 될 수 있기 때문에 바람직하지 않다. 또한 너무 많은 정보가 이미 유출되게 된다면 아무도 찾지 않는 설명회가 될 수도 있다. 마치 홍보의 엠바고 embargo 같다 라고나 할까. 어쨌든 정보관리를 위해 Black-out 기간을 갖는 것이 좋다.

실적설명회의 성공요인

실적설명회가 성공하기 위해서는 경영진의 참여가 가장 중요하다. 특히 CEO의 참여는 설명회의 무게를 좌우한다. 매분기 CEO 참여까지는 아니더라도 연간 1회라도 실적발표회를 통해 회사의 방향과 전략에 대한 CEO의 생각을 전달한다면 투자자들은 회사를 더욱 신뢰하게 될 것이다.

물론 IR팀으로써는 이런 과정이 매우 곤욕스러울 수 있다. 미디어가 발전한 요즈음 특히 세간의 관심을 끄는 기업들의 경우 CEO의 한마디 한마디가 여러 언론에 공개되고 꼬투리를 잡히는 결과로 이어질 수 있기 때문이다. 이런 결과가 나오지 않도록 특히 질의응답에 대한 철저한 준비가 필요하다. 다행히 처음이 어렵지 CEO직을 몇 번 발표회 경험하면 익숙해져서 문제가 발발할 가능성이 매우 낮아진다. 처음 한두 번만 잘 견뎌낸다면 CEO의 실적발표회는 자본시장에서의 기업의 위치를 업그레이드 할 수 있는 가장 좋은 무기가 될 것이다.

앞에서 언급했듯이 CFO주가, 즉 CEO가 아니더라도 투자자에게 의미 있는 결정을 이끌어낼 수 있다면 CEO의 무게까지는 아니더라도 CFO나 CSO의 정례적 참여 역시 의미 있는 결과를 이끌어 낼 수 있다. 특히 배당을 결정하거나 자사주를 매입하는 등의 의미 있는 결정을 내리거나 결정에 참여할 수 있는 권한을 가진 사람이라면 CEO를 대신하여 주주들과 Communication하여도 그리 손색이 없을 것이다. 그런 의미에서 만약 CEO 또는 CFO가 IR활동에 적극적인 참여가 꺼려진다면 IR담당 임원을 두고 그에게 주주가치에 크게 영향을 미치는 건에 대해서 충분한 목소리를 낼 수 있도록 한다면 시장은 그를 충분히 회사의 대변인으로 인정하고 주가를 제고할 수 있는 기회를 제공할 것이다.

일관성 있는 IR정책

앞에서 이미 그 중요성을 언급했지만 가이드라인은 순기능과 역기능 모두를 가지고 있다. 먼저 순기능은 지나친 변동성의 방지와 신뢰도 향상이다. 회사에서 가이드라인을 제공하지 않는다면 애널리스트들은 제각각 나름대로의 예상을 할 것이고 큰 편차를 보일 가능성이 크다. 특히 기대치가 높을 경우 실적이 그 기대치를 못 따라줬을 때 실망매물로 인해 매도가 많아지고 이로 인해 주가는 매우 출렁이게 된다.

주가는 어쨌든 안정적으로 꾸준히 장기적 상승하는 것이 가장 바람직한데 등락이 심하게 되면 장기투자자들이 회피하게 되고 단기투자자들의 잦은 매매로 인해 등락은 더욱 크게 되는 악순환을 겪게 된다. 많은 투자자들이 기업 가치를 산정할 때 현금흐름기법(DCF)에서도 Beta(주가의 변동성)가 크면 클수록 할인Discount을 더 많이 함으로 주가의 변동성이 커질 경우 회사 가치를 저평가할 가능성이 높다. 따라서 과도한 변동성은 여러모로 바람직하지 않다.

그러나 가이드라인이 정확하고 매번 실적이 그 가이드라인에 크게 벗어나지 않거나 적절한 타이밍으로 가이드라인을 수정해 기대치를 관리한다면 주가의 변동성도 낮아지고 회사에 대한 신뢰도 그만큼 높아질 것이다. 이는 주가의 주도권을 시장으로부터 회사로 가져오는 맥락에서 이해할 수 있다. 다시 말하면 시장의 여러 가지 루머와 추측보다는 회사의 말에 더 귀를 기울이게 하여 불순세력(예를 들면 작전세력)들로 하여금 회사의 시장 가치를 마음대로 휘두르지 못하게 하는, 애초부터 작전대상이 되지 못하게 하는 효과가 있을 수 있다.

역기능은 회사가 스스로 제공한 가이드라인에서 많이 벗어나는 실적을 내게 될 때 반대급부의 현상이 생긴다는 것이다. 만약 회사가 산업의 예측이 불가능한 큰 불확실성 때문에 정확한 가이드라인이 불가능하다고 판단되면 도리어 가이드라인을 포기하는 것이 좋을 수도 있다.

가장 좋은 실적이 기대치를 넘어서게 하는(Under-promise, over-deliver) 것

경영진들은 외부에 지나치게 좋게만 이야기하려는 성향들이 있는 것 같다. IR보다는 PR에 더 익숙해 있다고나 할까. 그러나 그것은 투자자들의 기대치만 높게 해줄 뿐 만약 실적이 그 보다 못 미칠 경우 급락하는 결과를 가져올 뿐이다. 가장 좋은 것은 항상 보수적인 입장을 견지하되 투자의 지를 꺾어버릴 정도의 예상치를 조금 상회하는 정도의 수준으로 가이드를 주는 것이 좋다.

좋은 실적발표회는 지난분기에 있었던 상황들을 설명하는 것만큼 그 상황들을 근거로 향후 단기적으로 장기적으로 어떻게 시장상황이 예측되고 그것에 대한 회사의 대응방안이나 입장이 어떤 것인지를 정량적 그리고 정성적으로 잘 설명하여 투자자들에게 미래에 대한 예측가능성visibility를 높여주는 것이다. 특히 CEO 참석은 그런 예측가능성visibility을 더욱 신뢰하게 하는 효과를 가져 온다. 일반 직원보다 말의 무게가 당연히 더 나가기 때문이다. 특히 향후 방향에 대한 설명과 의지를 CEO가 직접 나서서 말해준다면 투자자들은 회사를 더 더욱 신뢰할 것이다.

어쨌든 중요한 것은 IR활동을 그때그때 상황에 따라 적극적이었다가 소극적으로 한다든가 IR 내용(특히 분기실적자료) 역시 그때그때 상황에 따라 같은 자료를 안 좋을 때는 빼고 좋을 때는 다시 넣는 등 일관성 없는 IR이 되어서는 안 된다는 것이다. 최대한 투자가들이 항상 기대했던 시기에 기대했던 내용을 기대이상의 실적과 함께 전해 줄 수 있는 그런 기업이 소위 자본시장 미인대회 beauty contest 에서 최고의 미인으로 뽑히는 그런 회사가 아닐까 싶다.

찾아가자

NDR과 일대일(One-on-one)
미팅의 중요성

전쟁의 승리는 핵심전투장에서의 승리에 달려있다. 핵심전투장에서 결국 얼마나 훈련을 잘 받았고 전략은 얼마나 잘 세웠으며 지원은 얼마나 잘했는지에 대한 결과가 나타난다. 핵심전투에서 지면 그동안의 노력은 물거품이 된다.

사실 전쟁에서는 육군이 투입될 때는 이미 해군, 포병, 공군 등을 통해 거의 승리해놓은 상태에서 마무리를 위해 투입된다. 실전에 투입되기 전 회사의 정책, 전략 등은 모두 지원사격을 통해 이미 승리의 기조를 잡지 않는다면 NDR은 큰 성과를 거둘 수 없다. 그러나 그런 사격지원이 있었다 하더라도 막상 전투에서 승리하지 못한다면 다 이긴 전쟁을 놓쳐버리고 말 것이다. 로드쇼란 전투를 통해 승리를 실제적으로 이루어내는 것이다.

Non-deal Roadshow(NDR)를 통한 Communication 채널 구축

IR을 하려면 IR 대상자를 만나야 한다. 투자자들을 만나는 방법에는 투자자가 직접 회사를 찾아오는 방법, 회사가 투자자들을 찾아가는 방법 그리고 이-메일이나 인터넷 등을 통해 투자자들을 만나는데 그중 가장 일반적이고 적극적인 방법이 회사가 투자자들을 일일이 방문하여 회사에 투자를 종용하는 방법이 로드쇼이다.

로드쇼라는 단어는 사실 서커스나 가수들이 여러 지방을 다니며 공연하는 데서 비롯된 단어다. 그러다가 정치하는 사람들이 표를 획득하기 위해 여러 지방을 다니며 자신의 공약을 설명하고 지지를 호소하는 방법으로 로드쇼를 하기도 했다. 이에 비즈니스 세계에서도 이 개념이 도입되기 시작해 기업들이 운용 자금을 마련하기 위해 여기 저기 지방을 다니며 투자자들을 만나 투자의 이점에 대해 설명하면서 자금유치를 위해 로드쇼를 하는 것이 일반적인 방법이 되어 버렸다. 따라서 Roadshow는 "주식이나 채권발행을 통한 자금조달이라는 구체적 목적을 가지고 여러 도시를 순회하면서 투자자들을 만나 회사의 내용과 자금의 조달목적을 설명하여 투자자들의 참여, 즉 수요를 제고하기 위해 하는 행위"로 정의할 수 있다.

NDR(Non-deal Roadshow) 이란

구체적인 자금조달이 없이 그냥 투자자들을 만나 경영현안에 대해 대회를 나누는 방문을 Non-deal Roadshow 또는 앞글자만 따서 NDR이라 부른다. 이렇게 특별한 거래행위가 없는데도 불구하고 로드쇼를 하는 이유는 기존 주주들에게 회사가 어떻게 돌아가고 있는지 일관성 있게 꾸준히 장기적으로 알려줌으로써 경영진에 대한 신뢰를 고취시키는 동시에 잠재 투자자들을 만나 회사의 비전과 전략을 피력하고 궁금한 사항 등을 설명해줌으로서 시장에서 주식매입을 유도해 결과적으로는 주가를 제고 하려는 목적이다.

특히 과거 NDR은 주로 해외주주들을 위해 실행되는 게 일반적인데 뉴스를 매일 접하고 회사가 어떤 상황인지 여러 가지 통로를 통해 비교적 쉽게 회사의 상황을 파악할 수 있는 국내 투자자들에 비해 거리적 문제와 언어의 장애 등 정보의 접근이 상대적으로 불편한 해외주주들을 매분기 또는 반기에 한 번씩 정기적으로 찾아가 회사의 내용을 update 해줌으로서 회사가 어떤 상황인지 또는 다른 경로를 통해 얻어진 정보가 얼마나 정확한지에 대해 설명해줌으로서 회사에 투자하는 것에 대해 좀 더 편안함을 느끼게 하기 위함이다. 물론 teleconference 나 이-메일 등을 통해 정보를 전달할 수 있고 이러한 방법도 병행해서 활용되고 있지만 대면을 통해 소통하는 것이 관계를 제고하는데 훨씬 더 효과적이므로 NDR형식을 활용하는 것이 일반적이다.

얼마나 자주 할 것인가

NDR의 가장 좋은 결과 중 하나는 투자자가 '정기적으로 찾아온다.'는 느낌을 얻게 하는 것이다. NDR의 궁극적 목표가 그들로 하여금 편안함을 느끼게 하는 것이기 때문에 그들이 회사에 대해 너무 모르고 있다는 느낌을 주지 않을 정도로 자주 찾아가는 것이 중요하다. 가장 좋은 방법은 주주나 투자자들에게 직접 물어보는 것이다. 회사의 특성이 다 다르고 주주마다 원하는 것이 다르므로 얼마나 자주하는 것이 좋은지 명확하게 답이 있을 수 없기 때문에 직접 그들의 의견을 물어보는 것이 가장 좋은 방법일 것이다.

그러나 일반적으로 얼마나 자주하는 것이 좋은가는 속한 산업의 성격에 많이 달려있다. IT산업처럼 상품의 사이클이 매우 짧고 따라서 사업의 변화속도가 급격한 경우 투자자들 입장에서는 매 분기 찾아와 주기를 바라는 것이 일반적인 반면 보험 산업이나 유통업처럼 산업의 변화가 급변하지 않는 경우 일 년에 한두 번 정도를 원하는 것이 일반적인 반응이다.

IR Conference (Corporate Day)란

IR Conference는 구체적인 실행 방법에서 약간의 차이가 있을 뿐 NDR과 같은 목적으로 실행된다. NDR의 경우 회사가 투자자들의 사무실을 직접 찾아가 미팅을 하나 Conference의 경우 한 장소(일반적으로 호텔)에서 투자자들과 기업들이 만난다는 다른 점이 있지만 구체적인 Deal을 목적으로 하지 않고 회사를 소개하거나 회사의 상황을 update해준다는 목적에서 보면 거의 같은 활동이라 할 수 있다.

이 두 가지 방법은 둘 다 장단점이 있다.

먼저 Conference의 경우 한 장소에 모두가 모이기 때문에 이동경로가 짧아 주어진 시간에 더 많은 투자자들을 만날 수 있다는 장점이 있다. 특히 소그룹미팅 등을 통해 여러 투자자들을 한꺼번에 만날 수 있어 하루에 10개, 20개 투자기관을 만나는 것도 가능하다. 따라서 Conference의 경우 잠재투자자들을 발굴하는 데는 효과적일 수 있다.

그러나 한편으로는 회사가 원하는 투자자들이 Conference에 참석하지 않을 수 도 있고 참석하더라도 우선순위에 밀려 만나주지 않는 경우도 생길 수 있다. 그러나 NDR의 경우는 누구를 만날 것인가를 먼저 정하거나 최소한 원하는 투자자들과의 미팅이 가능한지를 확인한 후에 시행하기 때문에 당일 날 투자자가 급작스런 큰일이 생기지 않는 이상 만나지 못할 가능성은 매우 적어진다. 또한 NDR의 경우 회사가 직접 찾아가기 때문에 투자자 입장에서는 훨씬 편리하다. IR이 마케팅이라는 차원에서 접근한다면 고객만족도를 높이는데 Conference보다는 NDR이 한층 더 유리하다는 뜻이다. 그러나 Conference가 NDR 보다 비용측면에서 유리한 면이 있다. 로드쇼의 경우 많은 도시들을 찾아 다녀야 하므로 항공료와 호텔비용 등이 Conference보다는 훨씬 더 들 수밖에 없기 때문이다.

따라서 회사는 고객의 만족도를 높이는 동시에 잠재고객의 발굴도 극대화 할 수 있도록 두 가지 방법을 적절히 병행하는 것이 좋은데 회사가 잘 알려지지 않은 경우 처음에는 Conference를 더 많이 활용하고 향후 인지도가 올랐을 경우 NDR을 더 많이 활용하는 등 각자의 처지에 맞게 적절히 활용하면 될 것이다.

NDR의 핵심 성공 요인

사실 "IR 활동 = 로드쇼" 라고 말해도 과언이 아니다. 그만큼 IR활동의 로드쇼 비중은 크다. 사실 많은 경영자들이 IR활동을 적극적으로 하게 되면 쉽게 그 효과가 나타날 것으로 기대한다. 그러나 IR활동의 효과를 보려면 절대적인 시간이 필요하다.

1. 일관성과 인내

사실 아무리 NDR을 자주한다고 해도 1년에 4번 이상 하는 경우는 드물다. 또한 미국, 유럽의 경우 일 년에 4번을 방문하더라도 같은 투자자를 4번 만날 가능성은 매우 낮다. 일 년에 두세 번 정도 만나면 정말 자주 보는 것이다. 사실 그들 입장에서 보면 몇 백억 아니 몇 천억을 투자하는 데 한두 번 만나서 결정할 수 없는 일이다. 한국 매니저의 경우 한국기업은 태어날 때부터 들어왔던 이름들이고 또 여러 가지 경로를 통해 낯설지 않으나 해외투자자들의 경우는 그렇지 않다. 저자는 그동안 NDR을 하면서 외국계 매니저들은 한 회사에 투자하기 전 최소 1~2년 이상 분석하고 지켜보다가 투자결정하거나 아주 적은 투자를 시작해서 조금 씩 조금 씩 늘려가는 경우들을 많이 봐왔다. 그렇기에 회사는 단번에 어떤 성과를 기대해서는 안 된다. 꾸준히 정기적으로 찾아가 회사의 변모하는 모습들을 실제적으로 보여주며 그들의 마음을 움직일 필요가 있다.

주식시장이 좋을 때는 열심히 NDR을 하다가 안 좋아지면 안하고 또 실적이 좋을 때는 열심히 하다가 안 좋아지면 안하고 결국 그런 모습들이 투자자들에겐 경영진의 전반적인 경영스타일로 비쳐지기 마련이다. IR자료나 구두발표를 통해 "우리는 일관적인 정책을 펼치겠습니다." 라고 말하는 것만큼 말과 행동이 일치한다면 투자자들은 분명 회사에 관심을 가지고 경영진을 신뢰하며 장기적으로 투자해 줄 것이다.

또한 회사가 찾아올 때 마다 주장이 달라지고 또 매번 다른 사람이 와서 같은 현상에 대해 다른 설명을 하고 간다면 그 회사를 신뢰하기는 힘들 것이다. 또한 한 미팅 안에서도 팀원과 팀장과의 의견충돌이 있다면 회사 담당자들조차 신뢰하지 못하는 주장을 투자자가 믿을 수는 없다. 과거 모 회사에서 IPO 로드쇼를 하는데 미주팀과 유럽팀이 향후 CAPEX 투자에 대해 서로 다른 답변을 하여 투자자들이 확인하는 소동이 일어난 적이 있었다. 따라서 사전에 주요 정책에 대해서는 누가 답변을 해도 일관성 있는 답변이 되도록 투자자들이 궁금해 할 사항들을 사전에 파악하여 모범 답변들을 공유하는 것은 매우 중요한 사전준비이다.

A사의 경우 매분기 두 팀으로 나누어 NDR을 진행했는데

NDR 진행시 그날 나온 미팅 내용을 web에 올려 다른 팀이 확인하도록 해준다. 이는 두 팀이 서로 다른 목소리를 내지 않는데 매우 유용하게 활용된다.

2. 적절한 사전 준비

미팅 자료준비

　1) IR Presentation

Presentation을 만드는데 많은 에너지가 소요된다. 특히 담당자, 팀장, 담당 임원 그리고 CEO의 눈높이까지 맞추는 일은 그리 녹녹한 일이 아니다. NDR 경험이 적은 기업이나 담당임원이 바뀐 경우 등은 마지막순간까지 전반적으로 내용이 바뀌어 오타 및 오류 등을 충분히 screening하지 못하는 경우가 발발한다. 담당 팀장 또는 임원들의 성향 등을 감안하여 충분한 시간을 가지고 준비하는 것이 좋다.

　2) Q&A

투자자들은 대부분 두 가지 패턴으로 질문을 한다. 먼저 Presentation을 들어가면서 중간 중간 이해가 안 되거나 상세내용을 질문하는 경우이다. 따라서 각 장표마다 나올 수 있는 질문들에 대한 답변을 예상하고 준비하는 것이 효과적이다.

두 번째는 PT를 하지 않고 Q&A만 하는 경우 이다. 이 경우 투자자가 사전에 준비해온 질문들에 대한 답을 하게 된다. 이때 presentation은 그 질문의 대부분이 메인 장표 또는 첨부 자료로 포함되어 있는 것이 좋다. 만약 그렇지 않다면 '회사는 정작 시장의 관심사항이나 궁금한 내용, 그들의 우려사항들에 대해서는 관심이 없다.' 라는 인상을 줄 수 있다.

효과적인 Targeting(누구를 만날 것인가)
기업은 기술력과 적절한 마케팅전략 그리고 그것들을 뒷받침하는 재무적 요소, 이 세 가지가 합쳐질 때 드디어 그 저력을 과시하게 된다. 그리고 재무적 요소를 책임지는 곳이 바로 금융시장 특히 자본시장이다. 아까운 기술이 더 이상 방치되지 않고 좋은 자본을 만나게 함으로써 그 잠재력을 폭발시키는 것, 그것이 바로 IR의 가장 첫 번째 역할이 아닌가 싶다. 그리고 가끔은 (특히 국내 투자자들이 잘 모르는 기술의 경우에는 더더욱) 해외자본이 더 유용할 때가 있다. 사실 금융선진국인 미국이나 영국은 투자역사가 더 길고 그러다보니 분명 우리가 보지 못하는 무엇인가를 보기도 한다. 아주 오래전, 필자가 막 IR업무를 시작했을 때 미국 Capital Research 라는 해외자본이 유진 오 라는 한국인매니저를 앞세워 삼성을 발굴하고 투자하여 상상할 수 없는 규모의 투자성과를 내기도 했다는 이야기는 참으로 유명한 이야기가 있다. 이렇게 우리나라에 아직 발굴되지 않은 숨은 진주 hidden jewel 들이 자본시장에 소개되어지고 투자되어 지려면 이는 기업 스스로가 자신의 잠재력을 전달하고 그 잠재력이 허구가 아님을 증명해내는 일정의 IR노력을 해야 하는데 NDR 만큼 좋은 방법이 별로 없다.

해외 NDR의 경우 사전 Targeting을 하는 것이 바람직하다. 타게팅은 회사의 입장에 맞추어 "관심가질 만한 대상, 투자할 만한 투자자"를 발굴하는 일이다. 예를 들어 시가총액이 1000억도 안 되는 회사가 시가총액 수조원 이상 되는 회사들만 투자하는 글로벌 펀드들을 만날 수 있는 가능성은 매우 낮다. 설사 만나게 된다 해도 그들이 우리 회사보다는 경쟁 회사나 회사의 거래처회사 대한 정보를 얻기 위해 만나줄 가능성이 커 회사 입장에서는 그들의 정책상 우리 회사에 전혀 투자할 수 없는 투자자들을 만나는 것은 비용낭비일 것이다. 따라서 다음 사항을 참고하자.

1)지피지기, 자신을 먼저 알자 - 시가총액과 유동물량의 중요성

해외투자자들을 만나 주주 구성을 좀 더 다양하게 하고 주가를 올리려면 근본적으로 갖추어야 할 두 가지가 있는데 이는 1) 시가총액 2)일일평균거래량이다.

시가총액과 일일평균 거래량이 중요한 이유는 투자자 입장에서 아무리 성장성 있고 좋은 주식이라 하더라도 유통물량이 적은 경우 조금만 사도 주가가 급등하고 조금만 팔아도 급락하기 때문에 매입을 꺼려한다. 또한 유통물량이 적어 거래될 수 있는 금액이 적으면 매매수익으로 돈을 버는 외국계 증권사입장에서는 매력이 없기 때문에 리포트를 쓰지 않는다(이들은 일반적으로 일일거래량이 100억 수준이 되지 않으면 coverage 분석대상으로 결정하는 것을 승인하지 않는다). 그러다보니 해외투자자들이 자기들이 수시로 전화해서 현황을 설명해줄 애널리스트가 없어 투자를 꺼린다.

따라서 회사의 유통물량이 너무 적은 경우 이 문제를 먼저 해결하는 것이 급선무이다. 이 문제가 해결되지 않는다면 롱펀드들을 만날 이유가 별로 없다. 아무리 좋은 주식이라

도 어차피 못 사기 때문이다. 따라서 지금의 상황에도 투자할 수 있는 대상을 잘 발굴하여 집중 공략하는 것이 바람직하다.

2)좋은 타게팅 대상의 선택

최근 매입한 현재 주주

현재주주는 회사의 주식을 매입할 수 있는 가장 좋은 대상이다. 특히 최근에 산 주주일수록 더 살 수 있는 가능성은 높은데 현재는 tapping(입맛을 보다) 수준에서 조금 샀을 수도 있기 때문이다. 또한 잘못된 정보나 해석으로 매도하게 되었을 때 주가에 치명적일 수 있으니 당연히 NDR의 가장 일순위일 것이다.

물론 외국인 투자자 전혀 없는 상황이라면 증권사들이나 IR 컨설팅사들을 활용하여 target을 발굴하는 것이 좋다. 특히 IR 컨설팅사들의 경우 코스닥이나 신생기업 등을 IPO한 경험들이 풍부하여 그들의 data base를 잘 활용한다면 좋은 스타트를 할 수 있다.

현재 주주들과 유사한 규모와 성향의 펀드들.

원래 입소문이 무서운 법, 유사한 펀드들일수록 비슷한 규모의 회사에 관심을 가질 가능성이 높다. 끼리끼리 어울리는 것은 어느 분야나 마찬가지로 알고 있다고 한다. 경험적으로 볼 때 해지펀드들은 같은 성향의 해지펀드 매니저끼리 어울리고 롱펀드들은 또한 그들만의 리그를 구성한다. 물론 같은 한국인이거나 같은 학교출신끼리 어울리는 경우도 꽤 많이 있다. 이들은 서로에게 영향력을 끼치는데 특히 자신이 보유한 종목에 대해서는 회사이상으로 PR을 해주는 경향이 있다. 다른 매니저들이 관심을 가지고 사줘야 가격이 올라갈 것이기 때문이다.

이런 상황을 잘 활용하여 혹 우리주식을 가지고 있다고 하는 매니저들과 미팅을 하게 되면 관심가질 만한 다른 펀드들을 소개해달라고 하면 좋다. 꽤 적극적으로 추천해 줄 것이다. 특히 많은 규모의 주식을 투자하고 있는 매니저들에게 물어보면 더 적극적일 것이다. 안타깝게도 우리가 만나는 미팅 대상이 Buy-side Analyst들 즉 직접 운용하지는 않고 매니저들이 투자결정을 할 수 있도록 분석만 해주는 주니어급들이 대부분이기 때문에 그들은 아직 인맥 network 이 없을 가능성이 크다. 그러나 시니어급의 경영자가 NDR을 같이 하게 되면 그 급에 맞는 시니어 매니저들이나 CIO까지 만나게 된다. 따라서 좀 더 영향력 있는 매니저들을 만나 의미 있는 정보를 취득할 수 있다는 장점이 있다. 물론 시니어 경영진을 데리고 NDR가는 것이 그리 쉬운 일은 아닐 것이고 참으로 많은 고통을 수반해야 하는 것은 사실이지만 no pain no gain은 언제나 진리인거 같다.

경쟁회사나 같은 산업군에 투자하고 있는 펀드들

대부분의 기업이라면 경쟁회사의 지분구조를 파악해 놓는다. 전략부서라면 당연히 해야 할 일이다. IR 역시 경쟁사들의 지분현황을 면밀히 분석해 놓을 필요가 있다. 경쟁사들에게 투자했다는 말은 우리 회사에 투자할 가능성이 매우 높다는 이야기이기 때문이다. 따라서 경쟁사에 투자하고 있는 펀드들을 잘 파악하여 그들을 targeting 대상에 올려 관리하는 것도 효과적 방법이다.

제 발로 찾아온 해외펀드

기업들이 NDR을 하는 경우에는 시니어 경영진이 참석하는 등 꽤 성의를 들이는 데 반해 찾아오는 펀드매니저들은 소홀한 경우가 많다. NDR자체가 해외여행이고 특히 작은 회사나 내수중심의 기업들에게 해외출장이 로망이 되는 경우가 많기 때문에 마치 NDR을 특권처럼 여기기 때문이 아닌가 한다. 그러나 현실에서는 나가서 만나는 투자자들보다 찾아오는 투자자들에 더 집중할 필요가 있다. 특히 영향력 있는 투자자들이 직접 방문한다면 CEO가 집적 만나주는 등 소홀히 해서는 안 된다. 그들은 정말 투자할 마음이 있어서 찾아온 가능성이 높기 때문이다. 이들과의 미팅이후 NDR을 통해 찾아가 준다면 그들은 충분히 감동 받을 것이라 생각한다.

현재 영향력 있는 펀드나 펀드매니저가 있는 펀드
펀드들은 서로에게 영향을 준다. 특히 그때그때 조금씩 변하긴 하지만 일반적으로 보스턴에 있는 롱펀드들이나 Capital International, 싱가폴 GIC 등이 언제나 다른 펀드들의 벤치마크의 대상이 되어 왔다. 이러한 회사들이 자신들의 포트폴리오 우리회사주식을 편입하게 되면 다른 펀드들 역시 관심을 가질 가능성이 높다. 최근 어떤 바이오 회사에 싱가폴 국부펀드가 대규모로 투자하면서 외국인지분율이 올라가며 주가 역시 몇 달 만에 두 배 이상 급등한 사례가 그런 Case이다. 해외투자자들 역시 정도의 차이일 뿐 분위기에 휩쓸리는 것은 매한가지인 것 같다.

최근 누가 "잘 나가는 펀드" 인지는 증권사들이 제일 잘 알 것이다. 그러나 NDR을 목적으로 리스트를 요청하면 그들은 자신들의 고객위주로 리스트를 작성해서 보내주기 때문에 현황을 냉정하게 파악하기가 힘들다. 그래서 평상시에 친한 브로커들 몇 명을 알고 사귀어 두어 어떤 펀드들이가 영향력이 있는지 Update 하는 것이 가장 적절한 방법으로 파악된다. 그렇게 파악한 펀드들을 대상으로 위에서 언급한 변수들을 고려하여 target 대상을 정하면 될 것이다.

담당자라면 이러한 영향력 있는 펀드나 경쟁사에 외국인 투자현황 등은 잘 파악해 두고 있을 것이고 또한 있어야 한다. 그것을 꾸준히 update하려면 꾸준한 NDR실행을 통해 그런 정보들이 자연스럽게 브로커들이나 애널리스트들로 자연스럽게 습득하도록 시스템화 시켜두는 것이 중요하다.

조직에서 일하다 보면 성과평가나 교육훈련, 타부서협조, 각종 TFT 등에 매몰되어 정작 IR 본질적인 업무를 소홀이 할 수 있다. 이는 대기업 일수록 많이 나타나는 현상인데 이를 타파하기 위해 가장 좋은 방법은 NDR을 정례화 해 놓는 방법이다. 1년 계획을 미리 세워놓고 그 때에는 절대적으로 나가는 것을 하나의 ritual로 만들어 놓지 않으면 쓸데 없는 일에 파묻혀 차일피일 미루다가 결국 못가는 경우가 생기기도 한다. 그렇기 때문에 상사나 임원들에게 지속적으로 NDR의 중요성을 설파하고 정기적으로 실행할 수 있도록 분위기를 조성해 두어야 한다. 그렇지 않고 단발성으로 그때그때 편의에 따라 NDR을 할 경우 비용만 낭비되고 효과는 거의 없을 가능성이 높다. 관계는 언제나 "Build-up" 하는 것 중요하다. 그러나 만날 때 마다 그에겐 처음 만남이고 우리 역시 처음 미팅이 된다면 효과성은 현저히 떨어질 수밖에 없다. NDR의 생명은 제대로 된 targeting과 꾸준함에 있다 해도 과언이 아니다.

사후관리 - ABC 관리

꾸준한 NDR은 의미 있는 ABC 관리를 가능하게 한다. 다시 말해 NDR이 "Build-up process" 가 되려면 후속관리를 얼마나 잘하느냐가 중요하고 이것이 다음 NDR미팅의 퀄리티를 결정한다. 후속관리란 만나는 펀드들의 성향과 관심사항, 그리고 영향력을 정확하게 파악한 후 다음 NDR타겟을 정할 때 활용한다는 이야기다. NDR을 통해 만난 펀드들과 펀드매니저들을 ABC로 구분해 놓을 수 있도록 현 주주 여부, 펀드사이즈의 적정성, 매니저의 관심도, 호의도, 산업과 회사에 대한 이해도 등으로 나눈다. 그리고 점수를 매겨두고 이를 가중평균 하여 ABC 로 나누어 놓은 후 다음 NDR 또는 미팅 시 활용하면 완전히 새로운 미팅이 되는 것을 방지하고 build up 효과성을 극대화 할 수 있다. IR 매니저의 역할 중 가장 큰 부분이 바로 비용과 역량을 가장 효율적으로 활용하는 것임으로 이러한 방법은 그 성과에 크게 기여할 것이다.

연간계획을 세우자

2011년 기준으로 1년에 외국계 증권사가 주체하는 Conference가 10개, 국내증권사가 주체하는 Conference가 10개가 넘는다. 증권사 특히 애널리스트들과의 관계제고가 critical한 IR팀으로써는, 다 갈수는 없고 참으로 난감한 선택이다. 따라서 1년 계획을 세우고 실적발표회를 기준으로 NDR과 Conference를 선택하면 대충 갈 수 있는 컨퍼런스와 갈수 없는 컨퍼런스가 정리가 된다. 그럼에도 불구하고 스케줄이 겹치는 경우가 있는 경우 상반기 하반기로 나누어 증권사별로 한 번씩 참석해주거나 아니면 연간으로 번갈아 가면서 참석해주는 방법이 있다.

NDR호스트를 결정하는 문제 역시 Conference 스케줄과 맞추어 잘 활용하면 좋다. 즉 Conference가 있는 날짜를 전

후로 그 지역에서 NDR을 하는 방법이다. 어차피 많은 증권사들의 참석 요청을 다 받아주기는 어렵지만 이렇게 하면 한 번에 두 기관의 요청을 받아줄 수 있기 때문에 증권사들과의 관계제고에도 용이하다.

예를 들면 런던에서 Conference가 월요일에 있다면 런던에서 월요일에 그 Conference를 참석하고 다음에는 Edinburgh 등의 기타 영국지역 또는 Continental Europe 등을 NDR 하는 방법이다. 그리고 다음 분기에는 뉴욕에서 열리는 Conference를 참석하고 보스턴, 중부, 그리고 서부를 NDR 하면 골고루 다녀올 수 있고 NDR이 효과도 올릴 수 있다.

지역별 특성을 감안하자

홍콩

NDR과 Conference가 가장 잦은 곳이 홍콩이다. 한국과 가깝고 또한 많은 펀드들의 아시아 HQ가 있는 곳이고 한국 투자에 실제적인 영향력을 끼치는 애널리스트나 펀드매니저들이 포진되어 있는 곳이기 때문이다.

이중에서도 Fidelity, Capital 인데 그밖에도 Invesco, RCM, JF Asset 등이 잘 알려져 있는 "롱펀드" 이며 Sigma,

Amundi, Och-Ziff 등 한국에 잘 알려져 있는 "해지펀드" 들이다. 그러나 롱펀드의 경우에도 홍콩에 위치 아시아 지점의 경우 공매도만을 활용하지 않을 뿐 단기적 성향이 강한 '모멘텀 투자'를 하는 것으로 알려져 무조건 장기투자자만으로 분류하여 타게팅 하는 것이 오류일 가능성이 있으므로 현지 브로커를 통해 투자성향을 잘 파악해보는 것이 좋다.

한국시장에서 일어나는 공매도의 대부분이 해지펀드들에 의해 행해지고 이 해지펀드들의 대부분이 홍콩에 위치한다. 사실 공매도는 한국시장과 공매도 대상 기업에 대해 잘 알지 못하면 할 수 없는 일이며 그만큼 홍콩에 있는 펀드매니저들이 한국시장과 한국기업에 대해 제일 잘 알고 있다는 것을 반증한다. 펀드매니저들의 대부분이 한국인이며 또한 국내 자산사나 증권사 출신들이기 때문에 가능한 일이 아닌가 추측된다. 따라서 홍콩에 NDR할 경우 영어의 사용도가 다른 지역에 비해 현저히 낮음으로 임원들이 NDR에 참여할 경우 영어에 부담감이 적은 홍콩지역을 같이 가는 것이 현장의 목소리를 듣게 하는데 효과적일 것이다.

싱가폴

많은 주요 글로벌 펀드들이 싱가폴에 아시아 지점을 두고 일본을 제외한 아시아시장(Asia-ex Japan)에 투자를 싱가폴 지점 통해 하고 있다. 특히 GIC, AllianceBerstein, Morgan Stanley, T. Rowe Price, UBS, Wellington, Deutch 등이 잘 알려져 있는 대형펀드들이다. 홍콩처럼 그들 중 한국시장 담당자가 한국 사람인 경우가 많아 영어가 불편한 임원들이 참가하는 경우 그들을 Target으로 하는 것도 방법이다.

미국

미국의 주요 펀드들은 주로 동부와 서부에 위치하며 특히 롱펀드는 보스턴, 헤지펀드는 뉴욕에 주로 포진되어 있다. 롱펀드를 지향하는 기업에게는 보스턴이 가장 좋은 타겟 대상이며 그중 Fidelity, Wellington, Putnam, Boston Company 등이 가장 전통이 있고 영향력 있는 펀드이며 최근 Blackrock의 입지가 매우 커져 많은 증권사들이 고객으로 삼기위해 혈전을 벌이고 있는 것으로 알려졌다. 뉴욕에 역시 American Century, Deutche Asset, Oppenheimer 등 뉴욕에 위치한 유명한 롱펀드들이 있으나 Citadel, Joho 등 해지펀드들이 주로 위치하고 있어 롱펀드가 투자하기 힘든 규모의 기업이라면 뉴욕이 좋은 target일 수 있다.

해지펀드라고 해서 무조건 단기투자를 하며 공매도를 주로 한다고 생각하는 것은 편견이다. 이들 중 헤지 전략을 채용하는 동시에 장기투자를 하는 회사들도 여럿 있는 것으로 알려져 있으며 특히 risk가 높은 중소형 technology 기업들에게는 좋은 IR 대상이 될 수 있다.

서부에 가장 유명한 Fund는 LA 에 위치한 Capital Group 이다. 특히 1000조 이상의 자금을 운용하는 것으로 알려진 Capital은 비슷한 규모인 Fidelity와 더불어 그 펀드자체가 주식시장이라고 불릴 만큼 영향력이 대단하다.

특히 주로 연금이나 보험사들의 자금을 유치하여 운용하는 이 펀드들은 매우 장기적 안목으로 투자를 하기 때문에 이들이 움직이는 것만으로도 대상 회사의 주가의 향방이 크게 움직인다. 따라서 많은 펀드들이 이들의 움직임을 예의주시하는 것으로 알려졌다.

그밖에 샌프란스시코의 Dodge&Cox, Mathew International, CREF와 San Diego의 Brandes 등이 서부에 위치한 롱펀드들이다.

많은 기업들이 미국 NDR을 주로 동부와 서부를 중점적으로 하나 Denver에 있는 Janus는 NDR에 주로 포함을 많이 시키는 편이다. 과거의 명성에는 뒤쳐지지만 여전히 크고 영향력이 있기 때문이다.

중소형기업의 경우 대기업들이 많이 가는 뉴욕, 보스턴, LA 이외에 잘 가지 않는 Philadelphia 지역이나 DC 그리고 Atlantic, Kensas, Texas 등에 있는 펀드를 방문을 하는 것도 좋다. 기업들이 잘 오지 않기 때문에 찾아와주는 기업에 더 많은 관심을 보일 가능성이 높기 때문이다.

유럽

유럽에는 역시 영국 특히 런던에 가장 많은 펀드들이 포진되어 있다. 그중 Schroder, Pictet, Threadneedle, Boyer Allan, F&C Asset, Legal&General 등이 전통 영국펀드들로 유명하고 그밖에 Edinburgh에 Aegon이나 Martin Curie, Dublin의 Pioneer 등이 잘 알려져 있다. 런던은 사실 비싼 물가 탓에 호텔 비용과 음식비용이 만만치 않아 중소형사들이 찾아가기에 부담스러운 곳이다. 대기업의 경우 해외 증권사들이 서로 모시고 가려는 경향이 많아 corporate discount 등 할인을 활용하여 비용이 덜 들 수 있고 또한

Conference 등에 초청받아 비교적 저렴한 비용으로 투자자들을 만날 수 있지만 중소형사들은 그런 혜택을 누리기 힘들다.

다행이 최근에는 국내 증권사들이 NDR을 잘 수행하고 있어 이들을 잘 활용하면 중소형사 역시 해외주주들을 영입하는데 도움이 많이 되고 있는 것으로 보인다.

Continental 유럽과 기타지역

독일, 프랑스, 이태리도 미국이나 영국만큼의 비중이 있지는 못할지 모르나 간혹 특정산업에 대해서 누구보다도 잘 알고 있고 그래서 관심도 높을 수 있다. 예를 들면 태양광 관련된 사업에 독일 정부가 많이 지원하고 있고 따라서 그로 인해 수혜를 보는 독일 기업들이 많았다면 당연히 한국의 태양광업체가 찾아오는 경우 큰 관심과 투자할 가능성도 높을 것이다. 또한 경영진 입장에서도 특정분야에서 앞서가는 나라의 펀드라면 관련 산업에 대한 깊이나 유용한 insight를 가지고 있을 가능성이 높음으로 적극적으로 미팅에 임하는 것이 기업에게도 유익할 것이다. 따라서 지역과 펀드의 크기 보다는 회사에 관심과 산업에 대한 깊은 insight를 가지고 있는지를 파악하여 NDR시 스케줄에 반영할 필요가 있다. 특히 미국계 펀드들은 숫자중심에 투자로 눈에 보이는 결과에 더 무게를 두는 경향이 있다면 유럽계 펀드들이 전통적으로 신성장 사업 즉 Green tech, Biotech, 등에 앞서 있고 장기적으로 투자하는 경향이 있다. 따라서 특정산업의 경우 유럽대륙에 있는 펀드들을 찾아가보는 것도 좋은 방법 중 하나이다.

성공적 미팅수행하기

효과적 미팅운용과 적정한 자료준비하기. 전쟁의 승리는 핵심전투장에서의 승리에 달려있다. 핵심전투장에서 결국 얼마나 훈련을 잘 받았고 전략은 얼마나 잘 세웠으며 지원은 얼마나 잘했는지에 대한 결과가 나타난다. 핵심전투에서 지면 그동안의 노력은 물거품이 된다.

IR 미팅은 주로 일대일(One-on-one) 미팅이나 소그룹미팅으로 이루어진다. 투자자들은 사실 여러 경로를 통해 회사를 알게 된다. 특히 해외투자자들의 경우 일반적으로 Sales(브로커)들의 제안을 통해 회사를 알게 되는 경우가 가장 많다. Sales들을 통해 회사에 관심을 가지게 되면 브로커가 해당 종목의 애널리스트들을 초청하여 애널리스트들의 의견을 수렴한다. 그리고 마지막으로 회사를 직접만나 Sell-side

의 의견을 확인하게 된다. 사실 투자자가 회사를 방문하게 될 때는 거의 투자에 대한 모든 조사를 마치고 마지막으로 확인하는 절차일 가능성이 높다.

미팅을 잘 이끌어가기 위해서는 사전준비가 관건이다. PT 와 Q&A 자료에 신경을 쓰는 이유가 여기에 있다. PT와 Q&A 자료는 사실 모든 이슈의 종결지점이다. 이슈들에 대해 어떻게 대응할 것인가가 결국 그 PT 또는 Q&A에 담겨져 있게 되어 있고 그곳에 어떻게 설명되느냐가 결국 그 이슈에 대한 회사의 입장이기 때문이다.

1.적절한 자료를 준비하라
미팅은 일반적으로 우리를 잘 모르는 투자자, 우리를 잘 아는 투자자, 우리를 너무나 잘 아는 애널리스트가 뒤섞인 그룹미팅으로 나누어 질 수 있다. 따라서 경우에 따라 대응하는 방법도 그에 맞춰줘 있어야 한다.

가장 중요한 것은 그에 맞게 적정한 PT 자료를 준비하는 것인데 자료는 우리를 잘 아는 투자자나 애널리스트의 경우 아예 PT가 필요 없거나 분기별 실적 자료를 가지고 충분히 미팅이 운용될 수 있다.

그러나 잘 모르는 투자자의 경우에는 회사의 전반적인 내용을 설명해야하는데 경험상 역사나 구조 등은 아주 짧게 지나가고 Why invest 즉 왜 우리 회사가 투자할만한 회사인지를 중심으로 풀어가는 것이 효과적이다. 우리 회사는 이 PT를 Generic(일반적) PT라고 부른다.

1)Generic PT 만들기
이 Generic PT 자료는 1. 산업관련부분, 2. 회사의 경쟁력 3. 기타 최근이슈와 implication 부분 이렇게 세 분야로 나누어 구성할 것을 권한다.

특히 산업의 성장성이나 매력사항이 매우 중요하다.(보통 해외투자자들은 특히 산업을 먼저 분석한 후 그 산업에서 가장 투자할만한 대상이 어딘지를 찾기 때문이다. 보통 산업 1위 회사를 선택하긴 하는데 경험상 꼭 그렇지 만도 않다) 그리고 그 산업 내에서 우리 회사가 차지하고 있는 위치 또는 경쟁력에 대한 설명으로 풀어가는 것이다.

산업 관련 부분- 산업이나 회사가 속한 마켓(또는 니치마켓)이 앞으로 성장할 수밖에 없는 이유를 설명 하라. 이때 가장 많이 다루는 요소들은 다음과 같다.

demographic factor 즉 인구구조나 사회적 변화 또는 technology factor로 인한 수요 증가 가능성이다. 따라서

  - 인구가 고령화가 되어서 수요가 늘거나 - 보험, 제약

  - 기술의 대체로 수요가 늘거나 - 스마트폰, 웨어러블

  - 과점화 과정으로 수요가 늘거나 - 과거 통신산업, 핸드폰사업 등.

  - 문화적 변화로 수요가 늘거나 - 소셜커머스, facebook

그밖에 이때까지 알려지지 않은 어떠한 변수로 인해 수요가 늘어갈 수밖에 없는 그런 이유

가 있든지 등을 잘 어필하는 것이다. 낯설고 새로운 산업일수록 이 부분에 대한설명은 매우 중요하다.

산업적 entry to barrier 즉 진입장벽

진입장벽에는 기술적, 규제적, 규모적, 브랜드적 장벽이 있다. 아무리 수요가 증가해도 진입장벽이 없으면 돈이 되지 않기 때문이다. 산업자체에 쉽게 뛰어들지 못할 진입장벽이 있고 우리는 이미 그 장벽 안에 있다면 정말 투자하기 좋은 회사일수밖에 없다. 예로

  - 허가사업인가 즉 라이선스를 따기 힘든 통신 산업, 케이블산업, 홈쇼핑 등

  - 과점화 사업인가 즉 규모적 장벽의 경우 웬만한 돈 가

지고는 뛰어들기 힘든 cost advantage 싸움으로 이미 과점화된 반도체, LCD 등의 산업(이 부분의 경우 과점화 되기 전에는 경쟁이 치열하기 때문에 과점화 이후인지, 과점화 단계인지가 중요하다)

- 확고한 Technology 우위를 가지고 있는가. 즉 가지고 지금 뛰어 들어가 봐야 도저히 따라잡을 수 없는 스마트폰, 바이오텍 등의 산업

회사 부분
회사는 산업의 성장성과 맞물려 그 안에서의 성장성, 수익성, 그리고 안정성 위주로 풀어가는 것이 좋다.

1.성장성
성장성에 가장 중요한 것은 산업의 성장성과 더불어 회사만이 가지고 있는 entry to barrier 즉 경쟁력이다. 여기에는 크게 두 가지가 있는데 그것은 기술력, 그리고 브랜드이다.

기술적 장벽이야 한마디로 'patent'가 있는지 하는 것과 그게 없더라도 남들이 도저히 흉내 낼 수 없는 그런 기술적 독점력(technology proprietary)이 있는지 여부이다.

브랜드장벽은 어떤 산업에서 우리제품의 브랜드 포지셔닝이 워낙 확고해서 남들에게 뺏길 가능성이 낮은 그런 것 인데 고가가방, 중저가 화장품 이런 소비재들 회사들이 많이 활용하는 포인트이다.

2. 수익성

아무리 경쟁력이 있어도 돈이 안 되는 사업이나 향후 돈이 안 될 사업을 하고 있다면 의미가 없을 것이다. 영업이익율, 순이익율, ROE 뭐 이런 것으로 우리 회사가 돈 되는 회사임을 보여줘야 한다. 진입초기고 초기투자비용이 워낙 높아 돈이 안 되는 사업처럼 보인다면 EBIDTA율 즉 감가상각을 제외한 이익규모를 보여준다던가 아니면 R&D와 CAPEX 투자를 제외하고 보는 수익성을 보여주면 될 것이다(물론 이때에는 앞으로도 지속적으로 이 비용이 늘어도 규모의 경제가 성취되면 돈이 될 수 있다는 vision이 필요하다. 많은 경우 Chicken game으로 끝날 수 있기 때문이다) 진입장벽이 확실한 회사라면 수익성이 떨어질 가능성이 매우 낮다. 특히 브랜드나 기술 장벽은 더더구나 그렇다. 가격경쟁력을 가지고 진입장벽을 만든 회사의 경우가 가장 애매한 경우이다. Southwestern Airline의 경우 가격경쟁력만으로 높은 수익성을 이루어 낸 case인데 이는 다른 항공사가 생각하지 못했던 방법, 즉 같은 소형 기종만을 구입하여 유지비용을 확연하게 내리는 등 방법을 활용하여 가격 경쟁력을 이루어 냈고 그 이후 확고한 MS로 저가시장에서 다른 회사들이 들어온들 적자를 면치 못했다.

3.안정성

재무구조 즉 부채비율, interest coverage, cashflow 이런 것으로 대표된다. 이중에서도 아무래도 가장 많이 보는 게 차입금비율(또는 순차입금비율)인데 Leverage가 너무 높은 회사는 높은 risk로 장기투자자 입장에서는 투자를 꺼릴 수밖에 없다.

또한 차입금이 많은가 적은가 만큼 급격히 늘고 있는가도 중요하다. 많더라도 지속적으로 줄여오고 있었거나 줄여갈 방안과 의지가 확고하다면 투자할 가능성이 높아진다.

물론 적정한 차입금 비율이 얼마인가 하는 것은 모두가 견해가 다르다. 현금흐름이 안정적인 회사의 경우 차입금비율이 높아도 그렇게 문제가 되지 않는가 하면 현금흐름이 안정적이지 않은 경우 흑자도산의 위험도 도사리고 있기 때문에 현금흐름과 차입금의 관계를 적절하게 잘 설명할 필요가 있다.

일반적으로 투자자들은 EBITDA가 이자비용을 얼마나 cover하느냐를 많이 본다. 이 경우 4~5배 이상은 돼야 적정하다고 보는데 그렇지 않은 경우 안정성에 문제가 있다고 본다. 따라서 이 경우 경영진과의 의논을 통해 coverage를 최대한 높이는 방안을 모색하고 이를 투자자들에게 설명하는 것이 중요하다. A사의 경우 자회사를 IPO시키고 가지고 있던 자회사주식을 구주매출을 통해 현금창출을 하여 차입금을 줄이겠다고 설명, 투자들을 설득했다. (아쉽게도 IPO는 했지만 구주매출은 안했다. IR과 재무가 다른 생각을 했던 것이 분명하다. 더 문제는 CEO는 이런 상황에 대해 전혀 모르고 있다는 것)

3) 최근 이슈들과 Implication을 다루는 부분

처음 접하는 투자자들이라고 해서 완전히 모른 채 미팅을 하는 경우는 드물다. 회사의 사업모델자체에 대한 이해가 부족할 뿐 최근 이슈사항대해서는 어느 정도 알고 있는 경우가 대부분이다.(만약 그렇지 않았다면 그 사람은 정말 회사에 대해서는 관심이 없는 투자자이므로 솔직히 크게 신경 쓸 미팅은 아니라고 본다)

따라서 최근 이슈를 중심으로 그 배경과 implication을 설명해주는 것이 좋다. 특히 규제변화나 경쟁심화 또는 갑작스러운 수요변화 등의 어려움을 겪고 있다면 그 배경은 무엇인지 earning에는 어떤 영향이 있는지 그리고 앞으로의 대응 안은 무엇인지를 설명하라. 또는 최근 M&A를 통해 좋은 반응을 얻고 있거나 그 반대의 경우 또 획기적인 신상품 출시나 출시기대로 인해 시장에서 이슈화가 되고 있는 경우 그 이슈들에 대한 배경설명을 PT에 간단하게 짚어주고 말로 자세한 설명을 하는 것이 좋다.

분기실적자료

애널들이나 이미 투자하고 있는 투자자들에게는 위에 General 자료는 별로 적정하지 않다. 따라서 이들에게는 분기별로 발표하는 실적자료로써 충분하다. 이 자료는 대부분 다음과 같은 내용이 들어 있다.

1) PL 분석(매출, 분야별 매출, 영업이익, 분야별 영업이익, 경상이익(지분법현황), 순이익

- PL 분석의 포인트는 매출이 예상한대로 잘 가고 있나 또는 전년 대비해서 생각만큼 늘었나이다. 특히 가장 돈 되고

성장성 있는 분야의 매출이 예상대로 돈 되고 성장성 있는 게 맞나를 보여주는 것이 중요하다.(그렇지 않은 경우 이번 분기는 일시적인 현상이고 향후에는 좋아질 이유를 설명하라)

2) BS분석(부채비율, 차입금비율, 순차입금비율, 유동성비율 등)으로 되어 있다.

- 여기는 생각대로 부채를 줄여가고 있는지 또는 interest coverage가 적정선을 유지하거나 개선되고 있는지와 Cash flow 분석으로 되어 있다. 이자를 잘 낼 수 있을 만큼 현금 흐름이 괜찮은지. 다시 말해 Generic에서 설명되었던 재무 관련 전략이 말한 대로 잘 진행되고 있는지 에 대한 설명 이다. 일반적으로 회사가 어려울수록 이 부분에 대한 질문 과 답이 길어지게 되어 있음으로 회사의 입장에 따라 자료 의 깊이를 결정할 필요가 있다.

3) 연간목표 진척도 또는 다음분기 예상

분기실적발표의 가장 중요한 부분은 지금까지 어떻게 해왔 는가가 아니라 그래서 어떻게 될 것인가이다. 따라서 연간

목표달성 가능성은 얼마나 높은지 다음분기는 어떻게 예상하는 지를 PT에 담을 수 없다면 최소한 말로 설명할 수 있도록 하라. 어차피 회사의 가치를 결정하는 데 중요한 이슈들, 예를 들면 규제변화나 신상품제작 진척도, 어떤 판매처를 뚫고 있는지 하는 부분들은 질문이 나올 것이다. 이런 경우 Generic PT 쪽에 준비해놓은 Issue 부분을 가지고 하나씩 짚어보는 것도 방법이다. 이 경우 한 이슈에 너무 매몰되어 다른 이슈들을 제대로 짚어주지 않은 실수를 막을 수 있다.

2. Presentation 잘하기

presentation을 꽤나 잘한다는 어떤 강사의 말이다.

"사람들이 평소에는 편하게 잘 이야기하다가 갑자기 presentation하는 순간부터 180도 바뀌어 'presentation mode'로 돌입하는 경우가 대부분입니다. 가장 좋은 presentation은 평상시 말하던 대로, 평상시 사람 대하던 대로 그렇게 하는 것입니다.

친구에게 설명할 때 진지하고 뭔가 formal하게 말하지 않듯 가장 좋은 presentation은 상대방이 이 사람이 presentation하고 있는 걸 인지하지 못한 채 내가 하고 싶었던 말을 자연스럽게 전달한 상황입니다. 그렇게 전달되었을 때 상대방으로써는 가장 신뢰가 가고 이해도 빠르기 마련이지요."

사실 커피숍에서 커피마시면서 자연스럽게 애널리스트와 이것저것 대화할 때 나도 모르게 회사에 대해서 가장 진솔하게 가장 설득력 있게 말해주는 것을 보게 된다. 막상 "공식적인 Q&A" 시간에는 정말 "딱딱하고 공식적인" 대화만 가능하다. 어쨌든 설명해주는 사람이나, 설명 듣는 사람이 가장 편하고 덜 딱딱한 분위기를 만들어 자연스런 대화를 하는 것이 가장 좋은 미팅이지만 처음부터 그렇게 되기는 힘들다. 어느 정도 관계가 무르익어야 하는데 그래서 investor relations 즉 투자자 "관계"라 부르나보다. 모든 관계가 그렇듯 투자자 관계 역시 관계가 "여무는" 절대적 시간은 분명 필요한 것 같다.

PT를 만들 때 가장 피해야 할 것이 일반적인 회사의 경영기획 자료를 퍼 담는 것이다. 특히 새로운 인사관리정책, 브랜드관리 정책 등 내부적으로 중요하다고 생각하는 것을 여과 없이 담는 경우가 있는데 투자자들에게 낮 설 수 있는 이러한 개념들은 설명하는데 너무나 많은 시간들을 요구하는 동시에 그들이 투자하는 데에는 크게 영향을 미치지 않을 가능성이 높기 때문에 피하는 것이 좋다. 다시 말해 회사가 말하고 싶은 것을 말하는 것보다는 시장에서 관심 있는 부분, 투자를 결정하는데 직접적으로 연결되는 것들만을 추려서 담을 필요가 있다. 미팅시간이 4~50분밖에 안되기 때문에 규모 있게 미팅시간을 활용할 필요가 있기 때문이다.

예를 들어 편의점 하나를 사는데 편의점 종업원의 학벌이 높다고 해서 그 편의점을 더 비싸게 인수할 인수자는 없을 것이다. 아무리 학벌이 뛰어나고 높은 기술을 지닌 인력들로 구성된 회사라도 그것이 지금하고 있는 비즈니스 모델과 직접적인 연관성을 증명하지 않는다면 큰 의미가 없다. 그리고 이것을 증명하는데 미팅시간의 반을 사용한다면 그것은 시간낭비이다. 시간 배분은 미팅운용에 가장 중요한 변수factor이며 이것이 프로와 아마추어의 가장 큰 차이이다.

브랜드관리도 마찬가지이다. 브랜드관리를 통해 회사의 이미지나 상품에 대한 포장을 일관성 있게 하는 것은 중요하지만 그것이 그 회사의 상품이 포진되어 있는 시장에서의 시장지배력(MS)을 얼마나 늘리는데 기여되거나 최소한 진입장벽으로써의 역할을 얼마나 효과적으로 하는가에 대한 설명으로 귀결되어지는 것이 바람직하다.

(NDR시) 해외투자자 미팅 잘하기

1) 준비단계

Presentation을 만들고 스크립트를 만들어라. 대부분이 준비해간 Presentation slide 안에서 질문이 나오고 또 그렇게 미팅을 주도해가는 것이 실력이다.

- 영어 잘 하는 사수가 하는 것을 녹음 시켜놓고 스크랩화 하는 것도 좋은 방법이다.

Presentation을 스크립트대로 미리 몇 번 연습 해둘 것

- 중간 중간 나올 수 있는 질문들을 모두 추정하고 답변을 영어로도 준비해둘 것

- Q&A 적중률이 높을수록 이제 점점 경지에 오르고 있다는 사실

3.한국투자자들과 미국투자들의 질문 성향은 비슷한 것도 있고 아주 다른 것도 있다.

4.먼저 누구하고 미팅을 하는지를 사전에 Arrange하는 증권사를 통해 파악해 두라. 산업담당 또는 지역담당 애널리스트들하고 미팅을 하게 되는 게(이들을 BuysideAnal이라고 부른다) 대부분이다.(만약 PM(Portfolio manager) 들이 참석한다면 회사에 투자할 생각이 조금은 있는 것이다)

실전

Buyside Analyst 하고 미팅을 하게 되면 그 사람이 지역담당 (KoreaSpecialist)인지 내가 속한 산업애널리스트(sector analyst 보통 Healthcare Specialist, Tech specialist, Consumer-sector specialist 등으로 불린다)인지 파악해두는 것이 좋다. 앞으로 그 사람이 주요접촉대상 main contact point 일 테니 말이다. 경험상 대부분은 산업담당일 가능성이 높고 그 경우 그 산업에서 엔지니어 또는 연구원으로 일했던 사람일 가능성이 높아 회사에 대해서는 잘 모를지언정 관련기술technology에 대해서는 매우 잘 알 것 이다. 미팅 때 이런 것 확인해서 적어놓는 것이 Best IRO로 가는 지름길이다. 또한 산업스페셜리스트들은 소위 PM이 되기 전의 Junior일 것인데 이런 사람들이 나중에 직접 펀드도 운용하는 PM이 되는 것이 보통이다.

PM(들)이 배석했다면 우리 회사의 주식을 가지고 있거나 우리 회사 경쟁사의 주식을 가지고 있거나 우리 회사의 주식을 살 생각이 있거나 우리 회사 경쟁사의 주식을 살 생각이 있는 것이다. 만약 PM(들)이 배석하지 않고 '투자자측 애널리스트' 즉 Buyside Analyst 하고만 미팅을 했다면 PM들이 정말 바쁘거나 아니면 Buyside Analyst 공부차원에서 만났을 냈을 가능성이 크다.

2) 장기투자자 vs 해지펀드

장기투자자들은 (특히 보스턴 소재 Wellington 이니 Putnam 이니 하는 장기투자자들은 회사에 대해 잘 모를 가능성이 크다. Long Term fund들은 큰 그림 위주로 물어본다. 예를 들어 회사의 경쟁력이 무엇인지, 5년 후 회사의 모습은 어떤 모습일지. 뭐 그런 약간은 뜬구름 잡는. 그래서 미팅이 Hedge fund들에 비해 쉬운 편이지만 한편으로는 몰라도 너무 모른다는 생각을 하게 될 가능성이 크다.

미팅은 Hedge fund 특히 Sector specialist하고 해야 IR실력이 발전한다. 왜냐하면 정말 detail하게 숫자위주로 물어보기 때문이다. 이런 미팅 3~4번 해보고 나면 내가 몰랐던 우리 회사 내용에 대해 스스로 더 많이 알거나 몰랐던 것에 대한 자책감이 생기기 마련이다. 이런 미팅 후에는 웬만하면 한국 사무실에 이-메일이나 전화로 그때그때 모르고 대충 대답 했던(몰라도 대충은 하게 된다) 질문들에 대해 명확하게 알아본다. 이렇게 미팅 이틀하고 나면 3~4일째는 웬만한 투자자들도 두렵지 않다. 그래서 보스턴 같이 중요한 곳은 뉴욕에서 해지펀드들과 치열하게 미팅하고 나서 가

기 때문에 결과가 좋을 가능성이 높고 특히 서부에 와서는
거의 날아다닌다.

참고로 뉴욕에는 Hedge Fund들이 많이 포진되어있고 Boston
에는 Mutual 장기투자자들이 포진되어있다. 뉴욕에서 미팅
은 매우 조심스러워지는데 Long Fund는 말 그대로 Long
(그냥 일반적인 주식투자를 말한다)만 하는데 뉴욕 놈들은
Short(공매도) 대상도 찾기 때문에 주가 올리러갔다가 떨어
뜨리고 올 가능성이 크다. 그렇지만 해지펀드가 대부분이고
대세여서 피할 수만은 없고 IRO 스스로의 발전을 위해서도
Hedge fund들과 미팅을 많이 해보는 것이 좋다.

3)해외투자자관리 및 후속조치
미팅을 하면 만나는 사람들의 이름과 인상착의를 적어둔다.
이래야 다음에 다시 그 사람을 만났을 때 알아봐주고 인사
할 수 있다. 이 경우 미팅은 훨씬 더 Friendly하게 된다. 특
히 이름까지 기억해두면 좋다.(필자가 CEO라면 이런 IRO
에게는 큰 보너스를 줄 것이다)

인상착의는 예를 들어 : 30대중반 백인 여성 / 회사에 대
해서는 잘 모르나 질문이 날카로움 / 숫자위주 질문. 그리

고 Knowledge B, 관심도 A, 친밀도 B, 살 가능성 B+, 이 정도로만 적어두어도 나중에 40~50기관 만나고 났을 때 꽤 도움이 된다. 많은 회사들이 질문들을 정리해놓는데 질문 정리하는 아랫사람이 따로 있으면 그렇게 하면 좋겠지만 그렇지 않을 경우 대부분이 비슷한 질문을 하기 때문에 아주 특이한 질문이나 아주 엉뚱한 질문 등만 적어놓는 게 좋다.

특히 미팅 중에 CFO나 CEO가 유용하게 생각할 comment가 나올 경우 꼭 적어놨다가 보고서에 적어서 올리는 게 좋다. (예를 들어 경쟁사가 먼저 와서 우리 회사에 대해 이러 이러 이야기를 했다던가, 중요한 Buyer가 M&A를 한다든가. 뭐 그런 것)

미팅 중 정말 관심을 많이 보인 투자자들은 A그룹으로 분류해두고 특히 이 사람들이 한 질문 중 나중에 알아보고 답해주겠다고 한 것은 와서 이-메일로 답하면서 꾸준히 이-메일로 중요한 뉴스 등은 Feedback 해두는 것이 프로 IRO의 자세이다. 그러다 어느 날 그 기관 중에 하나가 우리 회사 주식을 5% 샀다는 소식이 들렸을 때 정말이지 감개무량하다.

결론은 꾸준함

NDR을 꾸준히 하더라도 시장의 테마가 형성이 되지 않았거나 회사에 신뢰가 아직 쌓이지 않았다면 NDR의 성과가 쉽게 드러나지 않을 수밖에 없다. 그러나 인내하며 꾸준함을 보인다면 결국 관심이 집중되는 타이밍이 올 것이며 그 때 투자자들이 가장 먼저 투할 대상이 될 것이다.

바이오사업으로 각광받고 있는 A사가 바로 그런 case인데 CEO의 적극적인 후원 아래 수년간 꾸준히 IR을 하던 중 최근 유럽의 규제가 해당 산업에 매우 유리하게 바뀌면서 유럽투자자들의 각광을 받고 시가총액이 3년 만에 약 3배로 증가하는 것을 보았다.

그에 비해 B사의 경우 IR 행사를 할 때 마다 주가가 안 오른다고 경영진들이 IR의 효과성에 대해 도전했고 결국 IR 담당자 교체를 거듭하며 수년 동안 주가가 등락을 거듭하다가 결국 최근 3년 전 주가보다도 3~40% 낮은 가격대에서 벗어나지 못하고 있는 것을 보았다.

물론 수년을 매분기 NDR을 수행해도 큰 성과를 거두지 못한다면 IR담당자의 전략부재와 관리 소홀이 원인일수 있다.

그러나 많은 경우 경영진의 일관성 없는 정책과 단기적인 안목이 원인일 가능성이 크며 결국 그런 풍토가 IR 활동에도 영향을 미치는 것이다. 따라서 경영진은 좀 더 긴 안목과 인내를 가지고 IR 분야를 포함한 전반적인 경영분야에 일관성 있는 정책을 장기적인 안목을 가지고 펼칠 필요가 있다.

평가가 만사다

적절한 진단과 IR성과 평가

여전히 많은 회사들은 주가로 IR팀의 능력을 판단한다. 주가가 안 좋으면 어쨌든 좋은 점수를 주지 않는 것이다. 필자는 이것이야말로 IR을 제대로 하지 못하는 기업의 전형적인 모습이라고 단언한다. 물론 사업을 하다보면 절체절명의 순간에 기지를 발휘하여 회사를 어려움에서 구해내는 그런 멋진 일들이 일어나야 한다. 그러나 아주 근본적인 시스템의 변화 없이, 주가가 떨어질 때마다 IR팀이 기지를 발휘하여 주가를 반전시킬 것을 기대한다면 돌아오는 것은 실망뿐일 것이다.

IR팀은 경영진이 가지고 있는 전략과 생각을 투자자들에게 전달하는 통로일 뿐이므로 만약 투자자들이 좋은 평가를 내리지 않았다면 그것은 경영진의 전략과 생각이 큰 호응을 (잘 못 됐다는 것이 아니라) 얻지 못 했을 뿐이다. 그 경우 전략을 바꾸든지 아니면 그 전략이 틀리지 않았다는 것을 보여주든지 하는 것으로 대응을 할 뿐이다. 물론 가끔 IR담당자들의 역량이나 활동부족으로 경영진의 생각을 제대로 파악하지 못하고 따라서 잘못된 정보를 전달, 시장의 오해를 사는 경우도 있을 수 있다. 특히 충분한 communication이 경영진과 IR 담당부서장 사이에 오고 간 상황이라면 이것은 IR 담당자의 역량부족이 분명하다. 그러나 그런 게 아니라면 전략을 바꾸든지 아니면 주가하락을 감수하고서라도 언젠가 경영진이 옳다는 것을 보여주면 된다.

많은 전략들이 너무 장기적이다 보니 당장 이익이 하락하고 주주가치를 떨어뜨릴 수 있다. 이때 많은 투자자들이 회사가 주주들의 이익에 대해서는 관심이 없다고 오해를 할 수 있다. 만약 그것이 진정한 오해라면 전략의 의도와 그로 인해 앞으로 얻어질 장기적인 효과를 설명할 필요가 있다. 문제는 IR팀도 그것을 모르는 경우가 다반사라는 것이다. 전략의 의도와 장기적인 효과를 IR팀이 미리 인지하고 그런 뉴스나 발표가 있을 경우 투자자들에게 "timely" 하게 전달하게 되면 그런 오해는 충분히 막을 수 있다. 만약 그럼에도 불구하고 시장에서 부정적인 반응이 온다면 그것은 그동안 시장과 충분한 신뢰관계를 구축하지 못한 것이 원인이므로 이것은 시간을 가지고 신뢰가 쌓여가도록 꾸준히 노력해야한다.

그러나 당장 주가가 떨어진다고 IR담당자를 징계하거나 교체한다면 조직원들의 사기만 저하시킬 뿐 회사가 얻는 것은 아무것도 없을 것이다. 경영진이 진정으로 IR을 제대로 하고 싶고 장기적으로 주가를 부양하고 싶은 생각이 있다면

CEO 부터 장기적인 IR 마인드를 가지고 꾸준히 신뢰구축을 하려는 마음을 가지고 장기적인 시각으로 접근해야한다.

앞에서 이야기했지만 Garbage in Garbage out 이다. 잘못된 M&A 결정과 투자 등은 낮은 주가로 이어진다. 이는 당장은 그럴듯하게 포장을 하여 스토리로 팔고 몇몇 투자자들이 혹해서 넘어갈 수는 있을지 모르지만 그리 멀지 않은 장래에 이는 도리어 회사에 대한 신뢰만 잃게 되는 결과를 가져온다. 잘못된 결정에 대해서는 충분히 인정하고 어떻게 만회할 것인가에 대해 더 고민을 해야 함에도 불구하고 당장 주가를 올리고 보라는 지시는 결국 투자자를 속이라는 말밖에는 안되고 이는 De-IR 즉 반IR일 뿐이다.

물론 이런 마음은 투자자들이라고 없는 것이 아니다. 이미 우리 회사의 주식을 보유하고 있는 주주들이 가끔은 회사가 포장을 잘해서 주가를 올리라는 요구를 하기도 하고 특히 확실치 않은 것 까지도 "세게" 이야기해달라는 요구를 하기도 한다. 이는 듣고 보면 필요하다면 뻥튀기를 해서라도 주가를 올리고 보자는 이야기다. 수익률이 중요하기에 자신들이 투자한 주식이 많이 오르기를 바라는 마음은 충분히 이해하나 회사가 이런 분위기에 휩쓸리기 시작하면 걷잡을 수

없는 상황에 빠져버리게 된다. 단기투자자들의 이런 근시안
적인 요청은 무시해야 한다. 그래서 장기투자자들을 영입할
필요가 있고 그래서 첫 단추를 잘 끼우는 것이 중요한 것
이다.

실적은 거짓말하지 않는다. 당장 연구결과가 좋게 나올 것
이라는 '거짓말'은 연구결과가 나오는 순간 드러나게 된다.
그럼에도 불구하고 기관투자자들이 주가가 오르면 팔고 나
가려는 마음을 가지고 회사나 애널리스트들에게 비슷한 압
력들을 가해오는 경우들도 가끔은 있다. 주가가 하락할 경
우 안에서는 경영진으로부터, 밖에서는 기존주주로부터 이
런 압력들을 받게 되는데 이때 평정심을 잃지 말고 있는
그대로를 전달하는 것은 IR 팀으로서는 쉬운 일이 아니다.

주가로 평가하지 말라

주가가 오를 때도 시장에서 과도하게 좋게만 해석하고 그것
들이 더 부풀어 올라 주가가 과도할 만큼 오르는 경우 언
젠가 그 거품이 꺼진다면 그것으로 인해 큰 피해가 나지
않도록 해야 하지만 주가가 오른다고 무조건 좋은 평가를
주는 회사에서 과연 그런 장기적인 포석을 위한 "옳은
communication"을 할 리가 있겠는가? 주가가 오르기만을

좋아하는 잘못된 IR과 경영진의 평가방법은 결국 회사에 대한 시장의 신뢰를 잃게 하는 원인이 될 뿐이다. 다시 말하면 주가상승으로만 IR을 잘했다고 평가하면 IR은 주가를 혹시 떨어뜨릴지 모르는 악재나 나쁜 상황에 대해서는 침묵하게 되고 그러다가 그런 문제가 실제적으로 터져버렸을 때 시장은 왜 그런 중요한 risk를 숨겼냐며 회사에 등을 돌리게 된다. 차라리 선제적으로 오픈했을 때보다 주가가 더 떨어지게 되는 것이다. 설상가상 이런 회사는 나쁜 것은 숨기고 좋은 것만 말하는 불투명한 회사로 이미지가 굳어져 설사 좋은 이야기를 해도 "뒤에 뭔가 나쁜 것을 숨기는 게 있을 거야" 라며 회사의 말을 믿지 않게 되어 회복의 여력마저 상실하는 것이다.

주가가 오르면 IR담당자로써도 참으로 기분 좋은 일이다. 그래서 꼭 주가로 평가를 받지 않는다고 해도 자연적으로 좋은 소식은 부풀리고 나쁜 뉴스는 숨기게 된다. 그러나 그것이 장기적으로는 독이 된다는 사실을 잊지 말아야 한다. 당장은 오르는 주가에 초를 치는 결과를 가져올지 몰라도 있는 그대로 있는 사실 그대로를 전달하려는 자세를 잃어서는 안 된다. 특히 발발할 가능성이 너무도 높은 문제들에 대해서 침묵으로만 일관하다 결국 터져버리면 회사의 평판에 오랫동안 오점을 남길 가능성이 농후하다. 그런 경우 경영진에 open할 것을 적극 종용하고 시장에 신뢰를 잃지 않기 위해 더욱 더 적극적인 소통할 수 있도록 분위기를 만들어 보도록 노력해야 할 것이다.

현실적인 책임범위 규명

제대로 된 주가관리와 IR을 위해선 주가하락의 책임범위를 합리적으로 정해 놓는 것이 중요하다. 만약 주가하락 시 이러한 구분 없이 모든 것을 IR담당자의 잘못 정도로 모든 것을 일단락 한다면 사실상 무의미한 조치이다. 다시 한 번 이야기하지만, 주가하락은 이제까지 언급된 수많은 변수들 특히 근본적인 원인들 때문이고 이 부분에 대한 근본적인 진단 없이 IR 실무자를 충원하거나 팀장을 바꾸는 것으로 변화를 기대하는 것은 어리석은 일이다.

이런 이야기를 인사담당이나 경영자들에게 하면 약간 "복불복" 이 아니냐는 반응들을 많이 받게 된다. 합리하고는 관계가 멀지만 그럼에도 불구하고 어쩌겠냐는 것이다. 답답하지만 그럼에도 불구하고 아쉬운 사람이 우물을 판다고 그들이 합리적으로 평가를 할 수 있도록 그 근거를 잘 마련해 줄 필요가 있다. 다시 말해 제어가 불가능한 외적요인들과 내부요인들을 잘 파악하고 IR 팀의 영역에서 control 가능한 변수들을 잘 파악해 냄으로써 근본적인 문제들을 해결하는 동시에 IR팀의 역량과 사기를 올려주는 계기가 될 것이다.(아마도 이것은 IR 팀뿐만 아니라 모든 부서에 똑같이 해당되는 원리일 것이긴 하다)

결론부터 말하면 평가 시 가장 좋은 방법은 주가상승이나 하락과는 관계없이 IR담당자들의 필요 역량을 스스로 잘 파악하고 육성하기 위해 많은 노력들을 하고 있는지 또 팀장은 팀원들의 필요한 역량들을 명확하게 알고 그것들을 그들이 습득하고 있는지 하는 부분을 잘 파악하는 것이다. 동시에 팀원들은 역량강화의 기회를 스스로 얻기 위해 노력하고 있는지도 판단되어야 할 것이다.

그렇다면 필요역량은 어떤 것이 있을까

1. 산업에 대한 Insight를 가지고 있는가.
먼저 회사가 속한 산업에 대해 얼마나 깊은 insight를 가지고 있는 지가 중요하다. 이 산업의 과거 성장추세는 어때왔고 앞으로는 어떻게 될지 또 성장에 중요한 변수들은 어떤 것이 있는지를 아는 것은 너무도 기본이다. 그리고 그 산업에는 어떤 경쟁자가 있으며 각 경쟁사들은 우리 회사와 어느 부분에서 더 경쟁을 하며 우리와 비교해서 어떤 경쟁력 이 있는지 등을 아는 것이다.

산업의 매크로적인 특성을 이해하는데 가장 좋은 접근법은 PEST 즉 Political, Economics, Social, Technology로 나누어 분석해보는 방법이다. 예를 들면 스마트폰 시장에서 political 이슈는 각 시장에서의 지적재산권에 대한 정부의 방침이나 외국기업을 바라보는 정치적 정서 등이 될 수 있다. Economical 부분은 주요시장의 경제상황이나 한미FTA가 미치는 영향 등이 될 수 있을 것이여 특히 금융회사의 경우 금리동향 등이 아주 중요한 경제적 관점일 것이다. Social은 스마폰으로 인해 불어온 SNS 열풍으로 이 시장에 어떤 변화 즉 어떤 콘텐츠가 주요 Killer application이 될 것이며 이로 인해 어떤 feature나 Spec이 필요한지 등이 이슈가 될 것이며 이는 바로 T 즉 기술적인 변화로 연결되어 분석되어야 할 것이다. 이렇게 자신이 속한 산업의 PEST의 현황과 변화를 읽을 수 있는지 여부를 역량으로 키우고 또한 평가 되어야 할 부분이다.

우리 회사가 속한 산업의 가치 사슬 Value Chain을 이해하는 것도 중요한 역량 중에 하나이다. 어떤 중요한 제품의 어떤 원재료를 필요로 하고 그 원재료를 누가 어떤 가격에 공급하는지 (Upstream) 어떻게 그리고 누가 가공하고 또는 조립하여(Middlestream) 소비자들에게는 누구를 통해 전달이 되는 것인지(downstream) 하는 산업의 흐름을 이해하고 우리 회사는 그 산업의 어떤 위치에서 누구와 경쟁을 하고 있는지 또 앞으로의 전망은 어떤지를 value chain 차원에서 이해하고 있는 것이 갖춰야할 따라서 평가되어야 할 중요한 역량 중에 하나이다.

2. 회사에 대한 insight를 가지고 있는가.
이런 산업의 상황과 구조를 이해한다면 투자자들에게 우리 회사를 이해시키는 것은 한결 쉬워진다. 결국 그 안에서 우리가 어떤 경쟁력을 가지고 있는지 그리고 그로 인해 어떤 매출성장세와 마진을 확보할 수 있는지 설명이 가능하기 때문이다. 이러한 이해를 바탕으로 우리 회사가 과거 몇 년 동안 얼마만큼의 성장을 해왔으며 시장지배력은 어떻게 변화해왔는지 꿰고 있는 것이 바람직하다.

또한 좀 더 깊게는 우리 회사의 원가에 인건비, 재료비, 감가상각비 비중이 어떻게 변해왔는지 또한 주요 판관비중 중요한 비용들 즉 인건비, 마케팅비, R&D 비용 등은 어느 수준이며 어떤 변화가 있어왔는지 그리고 왜 변했는지 설명이 가능해야한다. 예를 들어 제약회사들의 경우 최근 몇 년간 마케팅비는 현저히 줄고 R&D 비용은 현저하게 늘어왔는데 이는 마케팅활동에 대한 규제가 까다로워지면서 리베이트로 규정될 경우 Penalty로 금전적 피해뿐만 아니라 명성에도 피해를 입게 됨으로 단기적인 매출에는 타격이 오더라도 그 자원을 신약개발에 투자하기 때문이다. 물론 이때이 규제들은 어떤 것들이 있었으며 그로인해 어떤 영향이 있었는지 또 앞으로 어떤 영향이 있을 수 있는지를 설명할수 있어야 한다.

물론 이로 인해 규제가 나오는 시점 등에 의해 매년 그리고 매분기 실적이 크게 변화하게 되어 장기적으로 투자하는 투자자들조차도 단기적인 변화에 매우 민감한 상황이 되었다.

제약사업처럼 제품의 개발기간이 길고 대신 라이프 사이클도 상당히 긴 제품의 경우에는 상대적으로 덜 하겠지만 IT처럼 사이클이 짧은 경우에는 어쩌면 연간변화보다도 매분기 아니 심지어는 실적 변화에 대한 감을 가지고 있는 것이 IR담당자라면 꼭 필요한 역량이다.

3. 국내외 투자자에 대한 충분한 이해가 있는가?

IR이 투자자와의 관계를 관리하는 곳이라면 관리대상에 대해서 아는 것은 너무도 당연한 일일 것이다. 그들이 누구인지 어떤 생각을 가지고 투자를 하고 있는지 회사의 방침과 장기적인 비전에 대해 이해하고 있는지 아니면 곧 나올 좋은 뉴스를 기대하고 단기적으로 투자하고 있는지를 아는 것은 매우 중요한 일이다.

투자자들에 대해서는 많은 경로를 통해 파악할 수 있지만 NDR을 통해 파악하는 것이 가장 좋은 방법이다. NDR을 하게 되면 증권회사가 피상적이 아닌 실제적인 정보들을 수집하고 알려준다. 예를 들어 실제적으로 우리 회사 주식을 가지고 있는지 아니면 경쟁사 지분을 가지고 있어서 확인 차 우리를 만나는지 그리고 장기적인 관점으로 투자하는지 단기적으로 하는지 큰 펀드인지 작은 펀드인지 시장에서의 영향력은 얼마나 되는지 말이다.

이러한 사전지식을 가지고 투자기관과 담당기관을 만나게 되면 그 정보가 얼마나 신빙성이 있는지, 알고 보니 더 장기적인 투자목적을 가졌다든지 하는 것들을 파악하게 된다. IR담당자라면 당연히 이런 부분들에 대해 알고 있어야 하고 따라서 회사는 IR담당부서가 적극적으로 NDR에 나설 수 있도록 지원해야 할 것이다.

4. 애널리스트와의 관계는?

IR 담당자라면 우리 산업과 또한 우리 회사를 지속 분석 cover 하는 애널리스트들이 누군지 잘 알아야 하며 나아가 누가 우리 회사를 적극적으로 추천하며 얼마의 목표주가를 예상하고 있는지 하는 정도는 파악하고 있어야 할 것이다. 애널들이 이동시 어떤 회사로 이동하였고 또 새롭게 누가 그 자리에 왔는지 등도 파악하고 있어야 하는데 이를 하려면 담당 애널들과 지속적인 교류를 유지하고 있어야 한다. 분기별로 한번 실적발표회 때 만나는 정도로는 동향을 파악하기도 관계를 유지하기도 어렵다. 최소한 한 달에 한번 정도는 만나서 이야기하고 개인적인 유대관계를 가지도록 해야 할 것이다. 따라서 향후 회사는 각 IR담당자나 실무자에게 각각 관리를 위해 배정된 애널리스트가 있다면 그 애널리스트들을 통해 IR담당자와 얼마나 close한 관계를 맺고 있는지 파악하고 평가에 반영해야 할 것이다.

5. 내부정보 수집능력은?

IR팀은 정보에 살고 정보에 죽는 부서이다. IR팀의 능력은 일차적으로 정보를 얼마나 잘 수집하는지 그리고 2차적으로 어떻게 전달하는지에 달려 있다. Garbage in 이면 Garbage out 일수밖에 없는데 어떤 정보가 Garbage 인지 아닌지를 판단하라면 1. 먼저 Garbage 라도 정보를 수집할 수 있는 채널이 있어야 하고 2. Garbage를 받지 않도록 "요청"을 제대로 해야 하는 것이다. 나는 정보 특히 원천 data(백데이타 라고도 한다)를 받을 때 맞춤형으로 요구한다. 즉 아무 backdata나 던져 받아 분석하는 데만 하루 종일 걸리고 결국 정작 필요한 것은 못 받아 다시 요구하는 사태가 없도록 굉장한 고민을 하고 나서 받는 다는 것이다. 이게 되지 않으면 수많은 정보를 받은들 의미가 없을 가능성이 크다. 하나를 받더라도 제대로 된 핵심내용을 받는 것이 중요하다.

6. 외부정보 수집능력은?

IR담당자들은 내부정보뿐만 아니라 경쟁사들에 대한 정보 수집능력도 있어야 한다. 이런 정보는 경쟁사들의 IR담당자들을 통해서 수집될 수 있지만 특히 애널들이나 투자자들과의 미팅을 통해 얻어지는 경우가 대부분이다. (이는 거꾸로도 될 수 있으니 이점도 항상 유의하고 있어야 한다)

7. PT 와 미팅운용능력은?

구슬이 서 말이라도 꿰어야 보배라는 이야기가 있다. IR이야 말로 정확하게 해당되는 이야기다. 회사가 좋은 스토리와 전략을 세운들 그것들을 제대로 전하지 못하면 투자자로서는 알 길이 없다. 일차적으로 이런 정보와 자료들이 수집될 수 있어야 하지만 이차적으로는 이런 내용들을 투자자에게 제대로 보여줘야 한다. 실무자로서 얼마나 제대로 전달하는지에 대한 능력의 중요성을 언급하는 것조차 낭비일정도로 중요한 부분이다.

IR팀과 관리자에 대한 성과평가

IR 관리자에 대한 성과평가는 책임범위와 역효과문제로 주가로만 평가 하는 것은 바람직하지 않기 때문에 고민이 많이 필요한 부분일 것이다. 관리자의 대한 평가가 정확해야 하는 것은 만약 그렇지 않았을 경우 좋은 리더를 놓치거나 또는 자격 없는 사람을 더 중요한 요직에 배치하는 문제가 생기기 때문이다. 그러나 현실적으로는 많은 회사들이 주가 상승 시 좋은 평가를 주는 데 그렇게 하면 안 된다. 왜냐하면 IR 관리자의 진짜 능력은 주가가 떨어질 때 그런 기회를 활용하여 회사가 경영 상태에 대한 경각심을 더 가지도록 하고 특히 회사의 체질개선이나 혁신의 명분을 실어주는 등 위기를 잘 활용할 줄 아는 가에 있기 때문이다. 만약 주가가 떨어진다고 무조건 IR관리자가 무능력하다고만 판단을 한다면 회사는 사실 그에게 비이성적인 기대를 거는 것이고 이렇게 될 경우 아무리 잘하는 IR관리자라도 좋은 평가는 받기 힘들다. 따라서 IR관리자의 평가는 경영진과의 소통을 얼마나 잘하느냐에 달려있다고 해도 과언이 아니다. 사실 한 회사가 얼마나 IR을 잘 하는가 못하는가는 IR팀이 시장에 일방적인 communication을 하는가 아니면 쌍방향 소통이 되는가 하는데 있다. 특히 회사가 많은 이슈로 인해 어렵거나 시장에서 불안감을 느낄 때 그런 분위기를 얼마나 잘 경영진에게 전달하고 그들로 하여금 조금 더 적극적으로 이러한 불안감을 없애기 위해 IR에 참여하게 하는지에 달려있는 것이다.

사실 회사마다 조직장에게 기대하는 것이 다르다. 소위 팀장제로 팀장에게 권한을 주되 그에 대한 책임까지 묻는 곳이 있는 반면 권한도 특별히 없고 책임도 특별히 묻지 않는 분위기의 회사들이 있다. 이 또한 회사의 문화일수도 특정 부서의 분위기일 수도 있다. 만약 CFO가 IR 대해 잘 모르거나 외부에서 영입되어 회사에 대해 아직은 잘 모르는 상황이라면 전적으로 IR담당부서장에게 권한이 있을 가능성이 크지만 만약 그 반대라면 팀장보다는 임원이 전적으로 모든 세부사항에 대한 결정을 할 것이다.

여기서 권한이란 구체적으로 말하면 예산권과 인사권이다. 이 두 가지를 가지고 있지 않다면 그 팀장에게 성과를 묻는 것도 사실은 무의미하다. 아마도 그런 경우 팀원들의 교육발전수준정도로 평가하는 수밖에는 없을 듯싶다.

조직장은 팀원들이 위에 언급한 역량들(표 11-1 참고)을 갖추게 할 수 있는 능력이 있어야 하고 제대로 하고 있는지에 의해 평가되어야 한다.

다시 정리하면 회사는 IR팀이 실제적으로 영향력을 행사할 수 있는 부분 즉 1. 산업과 실적에 대한 Insight를 제대로 가지고 있는지 2.이러한 view들을 전달하기 위한 Communication 채널을 잘 구축하고 관련자들과 좋은 관계를 유지하고 있는지를 평가하는 것이 의미가 있다고 본다.

IR담당임원에 대한 평가

CFO들은 주로 네 부류의 주요 이해관계자들과의 이해관계를 관리하는 게 일반적이다. 은행, 투자자, 회계감사자 그리고 세무담당들이다. 앞에서 언급했지만 이중 누구하나도 회사에 중요하지 않은 이해관계자는 없다. 그리고 우선순위는 회사가 어떤 위치에 있느냐 하는 것에 따라 결정되는데 회사가 안정기에 들어서 있다면 주가에 신경을 많이 쓸 수 있을 것이지만 한참 성장기에 있고 특히 이를 위해 leverage를 크게 일으킨 회사라면(다시 말해 은행차입이 매우 큰 회사라면) 주가보다는 은행과의 관계에 더 큰 무게를 둘 수밖에 없을 것이다.

만약 회사가 안정기에 들어서 자금에 대한 문제가 크게 없다면 CFO의 가장 큰 성과책임은 얼마나 많은 이익을 낼 것이며 이는 주가에 바로 연관된 문제이다. 만약 CFO가 당기순이익을 올리기 위해 증자를 하고 그것으로 차입금을 갚는다면 이는 주주들의 가치를 떨어뜨릴 수도 있다. 주주들은 이런 방법보다는 다른 비용들을 절감하여 이익을 많이 내어 차입금을 갚는 것을 선호할 것이다.

거듭 이야기하지만 IR은 정보에 살고 정보에 죽는다. 정보가 제대로 전달되지 않는 이유는 IR팀에 있을 수도 있지만 앞에서 언급했듯 Silo 즉 부서이기주의이거나 아예 유관부서들이 IR에 대해 무지하기 때문일 가능성이 크다. 부서로써는 자신들의 정보를 남(?)의 팀에게 줄 아무런 메리트가 없기 때문이다. 예산권이나 평가권을 가지고 있는 부서가 아닌 IR로써는 자료를 받아내기라는 것이 정말 녹녹한 일이 아니다. 따라서 IR팀이 정보를 받아낼 수 있도록 협조할 수 있는 권한을 제공해야 하는데 이에 대한 회사들이 방안들이 다채롭다.

먼저 A 사는 내부고객관리 예산을 잡아 실무자들이 관련 부서 실무자들이 회식하는데 어려움이 없게 하고 독려한다. B사는 부서마다 IR/공시 정보 담당자를 지정하고 성과평가에 IR정보제공 항목을 넣어 IR팀에게 평가하게 한다. C사에서 CEO 주제 미팅 시 꼭 IR팀장을 배석시켜 놓치는 정보가 없도록 배려한다고 한다. D사의 경우 예산권을 가지고 있는 CFO로 하여금 IR협조가 되지 않을 경우 예산에서 불리하도록 한다고 한다.

소위 힘 있는 부서가 주로 IR정보를 가지고 있기 때문이다. 특히 예산관련 부서, M&A 관련 부서 등이 그런 곳인데 CEO 차원에서도 워낙 급하고 중요한 현안들을 많이 다루다보니 사실 IR에 정보를 제공하는 것은 뒷전이 되는 경우가 허다하다. 따라서 CEO는 회사의 현황에 따라 IR 부서를 조직 내에 잘 배치해야 한다. 예를 들어 만약 회사가 M&A를 통해 지속적으로 성장해나가는 과정이라면 전략기획 담당부서와 같은 임원 아래 두고 현재 현황을 파악할 수 있도록 배려함이 필요하다. 또는 현재는 회사가 Risk 관리에 힘쓰고 성장보다는 이익을 극대화하고 관리에 중점을 두는 과정이라면 숫자를 많이 다루는 회계부서 또는 재무부서와 한 임원 아래 공존하는 것이 좋을 것이다. 만약 CEO가 IR에 관심이 높다면 사실 이런 문제들은 쉽게 해결된다.

IR을 제대로 하려면 앞에서 언급한 대로 총괄적인 IR 시스템을 갖춰야 하는데 그 시스템이 제대로 정착하고 발휘하려면 2~3년의 기본적인 투자기간이 필요하다.

따라서 IR 담당임원(그것이 CFO든 아니면 CSO든 또는 IR만 담당하는 임원이든)은 그 시스템이 제대로 작동할 때까지 도입기, 성장기, 성숙기로 나누어 팀을 관리하고 평가해 보는 것도 방법일 것이다. 어쨌든 IR 부서의 관리자 역시 주가를 얼마나 올리느냐가 아니라 주주와의 관계 관리이며 팀원들이 이에 필요한 역량을 얼마나 갖추고 있는지 그리고 이 능력을 얼마나 발휘할 수 있도록 시스템을 만들어 내는지로 평가돼야 할 것이다.

떡은 떡집에

IR전문가 양성

회계도 전문가가 있고 파이낸싱, 마케팅 모두 전문가가 있듯 IR도 전문가가 있게 마련이다. IR분야는 회계, 재무, 마케팅 모두를 섭렵하고 있어야 하는 것이 특징인데 특히 회사 비즈니스 모델과 산업의 가치사슬value chain을 잘 파악하고 있어야 한다. 그 이유는 흐름에 따라 중요한 분야가 바뀌기 때문이다. 만약 회사의 사업부분 중 바이오부분이 가장 각광을 받고 있다면 바이오분야에 전문가가 되어 있어야 하고 또 M&A를 통해 필더 부품을 만드는 회사를 인수한다면 필더 부품의 전문가 또는 M&A 전문가가 되어 마치 그 일을 본인이 주도한 것처럼 설명해 낼 수 있어야 한다. 물론 IR 시스템이 워낙 잘 갖춰져 각 분야별 담당자가 IR시 대동하여 그가 해야 할 말과 하지 말아야 할 말을 잘 가려서 할 줄 아는 그런 수준까지 올랐다면 금상첨화겠지만 많은 회사들이 그렇지 못하고, 또한 그렇다 하더라도 분야의 담당자가 항상 모든 미팅에 참석할 수는 없는 것이므로 IRO나 팀원들은 그 사람을 대신해 어느 정도 전문가로써 설명을 할 수 있어야 한다.

그러려면 절대적 시간이 필요하다. 한 기업의 흐름을 파악하여 체득하려면 IRO로써 사계절을 한 두 해 정도 겪어봐야 그 회사의 내용을 안다고 이야기할 수 있을 것이다. 투자자들의 관심이 어떻게 이동하는지, 변하지 않고 관심 있는 부분은 어떤 것인지, 특히 향후 어떻게 될지 얼마나 팔릴 수 있고 이익을 얼마나 낼 수 있을지에 대한 감(感)을 가지게 되는 데는 실력과 경험 모두가 필요하다. 또한 스토리 진행상 꼭 해야 하는 이야기가 있고 해서는 안 될 이야기들이 있게 마련인데 이것을 분별해 내기란 보통 힘든 일이 아니다. 따라서 꾸준히 이 역할을 해줄 사람을 키워내는 것이 중요하다.

많은 한국기업이 분야별 전문가를 육성하기 보다는 generalist들을 육성한다. 그래서 분야별로 다 한 번씩은 경험하게 하는데 이에 분명한 장단점은 존재하는 것 같고 무엇이 옳은 방법인지는 필자가 판단할 수 없다. 그러나 IR차원에서만 이야기한다면 전문가를 양육하고 그 전문가로 하여금 오랫동안 부서를 맡아서 운용할 수 있게 해주어야 한다는 것에 대해서는 분명하게 주장할 수 있다. 만약 회사의 정책상 4~5년 이상 한 부서를 맡을 수 없다면 최소한 그 부서에 전문가가 한명씩 존재할 수 있도록 한꺼번에 팀원을 바꾸거나 하는 일이 없도록 잘 배려해야 한다. 그런 면에서 T 리더십이 좋은 대안인 것 같다. 한 분야에서는 완전한 전문가이지만 다른 부분 역시 어느 정도의 이해를 가지고 있어서로가 협력하되 전문분야에 대해서는 전문가의 의견을 가장 존중하고 따라주는 그런 문화, 그런 리더십이 중요한 것 같다.

임원들의 경우 마치 모든 분야를 다 섭렵하고 있어야 할 것 같은 그런 압박감에 시달리는데 임원이 할일은 모든 분야에 전문가가 되는 것이 아니라 그런 전문가들이 제 역할을 다할 수 있도록 가교역할을 하고 방패막이 되어 주며 적절하지만 빠르게 의사결정들이 그 단계와 수준에 맞게 일어나도록 시스템 그리고 기업문화를 만들어 내는데 있다고 생각한다.

투자자들로써 세월이 지나도 회사가 바뀌어도 결코 바뀌지 않는 질문이 있다면 그것은 재무구조와 수익성에 대한 질문일 것이다. IRO 라면 이를 잘 대응할 수 있도록 회계중급 정도의 회계지식과, 구조와 상품을 이해할 수 있을 정도의 재무지식을 가지고 있어야 한다. 그리고 그 위에 회사의 원가구조를 잘 파악하고 사업부별, 상품별 수익구조를 개괄적으로 이해하며 이것들이 어떤 요소들에 의해 변화하는지 즉 어떤 변수들로 인해 수익구조가 변하는지 회계전문부서와 소통할 수 있을 정도의 회계지식을 가지고 있어야 한다.

또한 특정산업에서는 가치사슬value chain을 이해하고 산업의 성숙도를 이해하여 현재는 어디에 가격인하로 인한 수익 성악화margin pressure가 있으며 앞으로는 어떤 사슬부분으로 그 "pressure" 가 옮겨 갈지 등에 감을 가지고 있는 것이 중요하다. 산업이 성숙해질수록 소비자접점에 있는 업스트림upstream과 원재료를 다루는 다운스트림downstream 분야의 마진 보다는 중간에 끼어 있는 mid-stream의 마진이 낮아지는 것이 일반적인 모습이다. 이런 산업 전반적인 사이클 안에서의 우리 회사의 위치, 그리고 그 사업에서 어떤 부분이 강조되어야 성장성, 수익성을 지킬 수 있는지에 대한 전략 등을 IRO 스스로 생각하고 고민하는 것도 IRO의 입지를 세우고 투자자들의 투자가치를 제고해주는 데 큰 도움이 될 것이다. 아무리 달변가라도 내용 없이 떠들기만 했다면 투자자들은 그 IRO의 communication실력이 없음을 다음과 같이 표현할 것이다 "한 시간 미팅하면서 적을게 하나도 없었다." 아는 게 힘이다. IR에서는 특히 더하다.

아는 것만큼 말할 수 있다고 한다. 조리 있게 말할 수 있다는 것은 고민을 통해 나름대로의 결론을 가지고 있다는 뜻이다. 어떤 결론을 내릴 수 있을 때까지는 많은 데이타data의 검토와 이에 대한 해석을 수렴할 때만이 가능하다. 팀원이 많으면 많을수록 좋은 점이 있다면 다양한 Data를 수집하고 다양한 시각으로 분석해 볼 수 있는 기회가 있는 것이 아닐까 싶다.

IR은 멋진 강연이 아니다. 그냥 투자자들의 관심사항을 잘 파악하고 그들이 궁금해할만한 것을 잘 준비해서 알려주면 그만이다. 그런데 그런 준비가 제대로 되어 있지 않으면 미팅을 한시간해도 화장실 갔다가 볼일을 반만 보고 나온 것마냥 뭔가 깔끔하지 못하고 찌뿌둥한 느낌만 남기 마련이고 바쁜 투자자들이 이런 미팅을 경멸하는 건 어쩌면 당연한 일인지 모른다. 앞에서도 언급했지만 그들이 무슨 관심사항을 가졌고, 어떤 질문들이 오고갈 것이며, 그 질문들에 대해 제대로 대응하려면 어떤 data를 확보하고 있어야 하는지 아는 것이 IR팀의 역량을 좌우할 것이다.

IRO는 수도꼭지에 불과하여 그가 필요한 정보를 얻어낼 수 없다면 그가 아무리 현란한 달변가라도 무의미하다. 그가 그런 적절한 정보로 무장하여 그들과 싸워 결코 뒤지지 않게 하려면 회사의 시스템이 받쳐줘야 하고 매번 각 부서들에게 왜 그런 정보가 필요한지 설득하지 않아도 되도록 CEO 또는 CFO의 지원이 필요하다.

그래서 IR전문가란

1) IR전문가는 메시지 전달에 따른 risk관리를 할 줄 아는 Communication전문가이다.

IR전문가는 정기적이든 산발적이든 어떤 정보를 전달할 때 그 정보가 주는 메시지와 그에 대한 risk를 제대로 파악하여 수위를 정할 줄 아는 사람이다. 예를 들어 예측가능성을 올려주기 위해 내년도 가이던스를 주는데 있어서 회사는 두 가지 반응을 한다. 하나는 무조건 높고 좋게 하려는 반응이다. 그래서 주가를 올리고 싶은 그런 욕구를 보이는 것이다. 그러나 그 계획이 현실과 너무 멀 경우 시장에서 아예 무시당할 수 있는 risk와 시장에서 받아들여져 주가에 긍정적인 영향을 미쳤다고 하더라도 결국 가이던스에는 훨씬 못 미치는 결과가 나와 실망매물로 인해 그로 인해 올랐던 주가보다 더 많이 떨어지는 그런 역기능의 risk를 볼 줄 알아야 한다. 그 경우 지금의 IR포인트가 미래의 짐이 되는 것이다.

반대로 너무 보수적인 가이던스를 견지하다가 결국 시장에서 아예 관심을 못 받아 소외될 수 있다. 이 또한 Risk이다. 투자자란 어차피 어느 정도의 리턴return을 바라고 투자를 하는 것인데 결과적으로 아예 적절한 수익리턴조차 기대하지 말라는 메시지가 된다면 회사에 아예 관심을 끊어버리게 되는데 이 또한 바람직한 IR활동은 아니다. IR은 현실을 보여주되 그러한 현실을 뛰어넘을 수 있는 회사의 전략 또한 갖고 있어야 한다.

물론 회사는 그런 부분에 대해 IR 당사자만큼 그리 절실하지 않을 수 도 있다. 그런 상황에서 내부적인 communication을 통해 설득을 하고 목표를 좀 더 "투자자 지향적"으로 높일 수 있도록 역할을 해내는 것도 IR 전문가가 할 일중에 하나이다. 따라서 IR전문가는 Communication 관리자인 동시에 risk관리자 특히 평판risk 관리자라고 할 수 있다.

많은 회사들이 홍보, 마케팅, 영업, 연구부서 등에서 나름대로의 대외적인 커뮤니케이션을 한다. 아니 할 수밖에 없다. 문제는 그들이 말하는 것이 통제되지 않기 때문에 문제를 일으키거나 이슈화 될 만한 상황들이 또 다른 창구를 통해서 나가게 된다. 사실 많은 경우 가장 먼저 알아야할 IR이나 홍보부서가 가장 늦게 언론을 통해 알게 되는 경우가 부지기수다. 그런 회사의 경우는 시스템을 점검해야 한다. 정보통제는 기업의 가장 중요한 부분 중 하나이다. 이것이 제대로 이루어지지 않는 회사라면 IR 뿐만 아니라 회사의 존립자체에 큰 문제가 있는 것이니 회사가 중점적으로 해야할 일은 정보유출의 창구를 통일 시키는 일이다. 홍보와 IR 그리고 대외 협력팀들은 어디까지 얼마나 어떻게 전달하느냐를 언제나 항상 공유하고, 서로가 문제통제가 되는 상황이 되도록 노력해야한다. 특히 어떤 단어를 어떻게 쓰느냐에 따라 큰 반향을 일으킬 수도 있으니 외부에 공표되는 단어 하나하나를 확인하고 체크할 수 있는 전문가가 필요하다. 특히 사회적 영향력이나 이슈화되기 쉬운 큰 회사일수록 이런 부분에 대해 신중해야하고 또 신중할 것이다.

그러나 무조건 노이즈를 피하는 것만이 상책은 아니다. 노이즈는 관리되어야 하는 것이지 무조건 피할 것만은 아니기 때문이다. 많은 기업들이 이 부분에서 실패하는 것 같다. 노이즈가 싫어 커뮤니케이션을 기피하다 더 큰 문제를 양산하는.

2) IR 전문가는 재무, 주식시장 분석이 가능하다.
IR 담당이 재무를 모른다면 그것은 자신이 해야 할 일중에 반 이상을 하지 못하는 결과가 된다. 사실 의외로 IR담당자들이 홍보출신들이 많아서 재무부분이 약한 경우가 많다. 재무 숫자가 중요한 이유는 IR이 상대하는 사람들이 회사를 재무숫자로 판단하기 때문이다. 투자자한테는 회계와 재무가 그들의 언어이다. 숫자를 잘 모르는 임원들이 투자자들을 만나게 되면 IR담당자는 그것을 그들이 알아듣는 재무로 통역을 해주어야 한다. 다시 말해 "그래서 그게 매출과 이익에는 또는 재무구조에는 이러이러한 영향을 준다."는 이야기를 그들이 원하는 그들의 언어로 풀어줘야 한다는 이야기이다.

예를 들어 어떤 임원이 회사의 가장 중요한 전략은 '사람을 키우는 것'이라고 역설한다면 IR은 그것이 과연 얼마만큼의 인건비 증가를 이야기하는지를 이야기해야한다. 자칫 투자자들은 앞으로 엄청난 인건비상승으로 이해하고 수익성 저하로 인식 당장 지분을 팔수도 있을 테니까 말이다. 물론 사람을 키우는 것이 얼마나 중요한 것인지 모두가 안다. 그러나 그 임원조차 자신의 월급을 깎아가며 사람을 키우지는 않을 것이다. 투자자들도 마찬가지다. 앞으로 회사가 잘 되는 거야 당연히 좋은 일이지만 그렇다고 그 결과가 자신들의 재산이 주는 것이라면 그들이 싫어하는 것은 너무나 당연한 이야기이다. 사람을 키우는 원론적인 이야기는 좋지만 동시에 단기적인 수익성을 지켜가며, 좋은 이야기지만 상대방의 성향에 맞추어 해야 하는 것이 communication이 아닐까 한다.

3) IR 전문가는 마케팅현황분석이 가능하다.

회사가 잘 되고 안 되고는 일단 물건이 팔리느냐 서비스가 팔리느냐에 있고 그것이 수익성이나 재무구조보다 우선된다. 판매가 되고 안 되고는 시장상황에 달려있고 이 시장을 아는 것이 마케팅이며 회사의 마케팅 전략에 따라 좌우되는 것이 현실이다. 따라서 IR 담당자가 투자자들을 설득하려면 이 부분에 대한 설득력 있는 설명이 없어서는 사실 불가능하다.

우리가 목표하는 시장은 어디이며 왜 매력적인가.

거기에는 어떤 경쟁자들이 있고 왜 우리가 경쟁사에 비해 더 잘할 수밖에 없는가. 이정도의 기본적 마케팅 분석은 할 줄 알아야 한다. 최소한 우리제품이 어떻게 포지셔닝이 되고 어느 채널을 통해 얼마에 팔리며 프로모션을 어떻게 하고 있는지, 마케팅믹스 4P분석 정도는 머릿속에 하고 있어야 어디서 우리제품의 경쟁력이 있는지 설명할 수 있지 않겠는가하는 생각이다. IR을 잘하는 사람들 중에 영업이나 마케팅출신들이 많은 이유는 그들이 시작 당시에는 재무부분이 약해 커뮤니케이션이 약할 수 있지만 수개월의 경험을 통해 어느 정도 수준이 되면 시장에 대한 설명을 더욱 잘 할 수 있어서 투자자들이 가장 중요시 여기는 마케팅스토리를 전달하는 데 훨씬 용이하기 때문이다.

IR업무 초보자라면 어디서부터 시작해야 하나

많은 초보자들이 IR을 시작할 때 어디서부터 시작해야할지를 몰라 갈팡질팡한다. 특히 수많은 처음 듣는 용어들 때문에 어려워하는데 그래서 무엇을 공부해야 할지에 대해 조금 고민해 보았다.

(cafe.naver.com/bestir/684 참고)

1. 무엇보다도 현재 사업을 잘 아는 것이 중요하다.

가장 중요한 것은 비즈니스 모델을 이해하는 것이 중요한데 뭘 파는 건지 어떻게 파는 건지 얼마가 남는 장사인지를 아는 것이다. 또한 투자자의 관점에서 사업을 볼 줄 알아야 한다. 그리고 이것을 재무적인 관점으로 풀어 설명할 줄 알아야 하는데 그러려면 재무회계를 알아야 한다.

2. 재무 회계를 알아야 한다.

최소한 BS와 IS 구성과 의미 그리고 재무비율 등이 무엇을 이야기하는지는 알아야 한다. 문제는 어디까지를 알아야 하는가 하는 것인데 많이 알면 알수록 좋지만 최소한 매출성장률, 영업이익률추이, 이자보상비율, EBITDA율, ROE, ROA가 뭔지, 무엇을 이야기하는 것인지, 그래서 우리 회사의 비율들은 좋은 상황인지 안 좋은 상황인지 정도는 파악할 줄 알아야 한다. 그리고 조금 더 요구하자면 우리 회사 현금흐름상황이 좋은지 나쁜지, 내년에는 나빠질지 좋아질지 정도 감은 가지고 있어야 한다.

3. Excel 다룰 줄 알아야 한다.
높은 수준의 능력을 요구하지 않는다. 위의 재무제표의 주요 비율 정도 구하는 정도만 되면 되니 더하고 빼고 나누고 곱하기만 제대로 하면 된다. 이 정도는 하루 또는 이틀이면 된다.

4. PPT 다루는 법을 알아야 한다.
PPT는 기획부서라면 수도 없이 만져 봤을 것이지만 영업이나 그렇지 않은 부서에서 해본 경험이 없다면 기초적인 것은 배워야 한다. 다른 회사 IR Presentation 만큼만 만들면 된다.(확인해 보면 알겠지만 엄청난 실력을 요구하는 데는 거의 없다)

5. 금융시장 특히 주식시장이 어떤 곳인지 알아야 한다.

문제는 주식시장하면 어떻게 돈을 버는 곳인지 하는 책들은 많은데 주식시장에서 기업이 어떻게 자금을 조달하고 그것들이 어떻게 증서(주식)가 되어 투자자들의 손으로 들어가는 건지 그런 책은 잘 없긴 하다. 가장 좋은 건 재무관리 교과서의 주식발행 부분을 참고하면 되는데 그것은 또 너무 이론적이라 실무 하는데 필요한 정보에는 한계가 있다. 어쨌든 주식시장의 Buy side와 Sell side의 역학관계를 이해하고 있어야 한다. 한국IR협의회 등에서 제공하는 관련강의 같은 것을 활용하면 좋다.

6. 주식투자를 어떻게 하는 것인지 알아야 한다.

그러려면 직접 해봐야 한다. 직접 주식 계좌를 열고 100만 원만 운용해보라. 자신이 속한 회사의 주식을 사도된다. 100만 원 정도 투자하는 것 가지고는 누가 뭐라고 할 사람이 없다. 스스로 투자하면서 배우는 것만큼 많이 배우는 것이 없다. 그러면서 자연스럽게 HTS 다루는 것도 배우면 좋을 것이다.

7. HTS(Home Trading System)의 주요 기능 등을 다룰 줄 알아야 한다.

계좌를 트고 나서 직접 인터넷으로 거래를 해봐라. 그러려면 계좌를 연 증권사의 HTS를 다운받으면 되는데 이게 IR 담당자에겐 20세기 최고의 발명품이다. 여기 웬만한 정보는 다 들어있다. 특히 오늘 어느 증권사 창구를 통해 매수가 많이 들어오는지 어느 증권사 창구를 통해 매도가 많이 들어오는지 등의 실시간 거래현황정도는 Check 할 줄 알아야 한다. 그리고 외국인 지분율, 거래량, 외국인 매수매도 동향 등은 모두 HTS에서 확인 될 수 있다. 어떤 증권사의 HTS 인지는 중요하지 않다. 기능은 다 비슷하다.
(참고로 키움증권 창구로 매매가 많으면 개인들이 사고 파는 날이다.)

8. 공매도 현황 등 KRX에서 제공하는 정보들도 활용할 줄 알면 좋다.
특히 오늘 왜 주식시장이 올랐는지 등에 관한 정보는 KRX 시장현황에 간단하게 잘 요약이 되어 있다. 이 정도는 참고해서 누가 오늘 왜 올랐는지 물어보면 시장상황이 좋아서, 그리고 왜 좋았는지 정도는 말할 수 있게 된다.

공부를 해야 한다. 그래야 무엇을 모르는지 안다.
닥치는 대로 일을 하면 너무 힘들어 업무가 부담이 되고 싫어진다. 그러나 학교에서도 경험했듯 미리 예습 한 문제가 나오면 기분이 좋다. 왠지 내가 스마트해진 기분이다. 많이 배우면 배울수록 찍는 감이 좋아진다. 예습을 잘 하려면 선배들이 남기고간 족보들을 잘 수집하고 그것들을 숙지하는 것이 답을 맞히는 최고의 방법이다.

그러나 이론적인 배경을 잘 닦아 놓지 않으면 한계에 부딪친다. 전략, 재무, 마케팅, 인사에 걸친 경영학과 금리를 중심으로 전반적인 경제학 공부는 짬짬이 해두면 좋을 것 같다. 그리고 나중에 여유가 생기면 조금씩 인문학에도 관심을 가지고 공부해두면 최소한 썰을 푸는 능력만큼은 탁월해질 것이다.

공시전문가 vs. IR전문가
공시와 IR 업무를 하는 사람은 엄연히 다른 업무 접근태도가 필요하다. 많은 회사들이 이 부분을 이해하지 못하는 경향이 있다. 대부분의 회사들 특히 회사가 작을수록 회계담당자나 자금담당자가 공시를 하다가 결국 공시담당자가 IR을 담당하는 것이 가장 자연스러운 경로이다. 그러기에 공시담당자들은 대부분 법을 전공한 경우가 많다. 그러다보니 관계관리 즉 relations에 대한 부분이 매우 약한 것을 보게

176

된다. 한마디로 원칙적이라 융통성이 부족할 수 있다는 뜻이다. 아무래도 relations는 sales에 더 가까운 면이 있기 때문에 고객을 대할 때 검사처럼 대하기보다는 sales 쪽에 있는 사람들이 고객을 대하는 태도에 더 가까운 모습을 가져야 한다는 뜻이다. 그러나 한편으로는 과거 은행이나 항공사들이 외모 위주로 사람을 뽑았지만, 지금은 실력을 겸비하지 않으면 웬만해선 발탁되기 힘들다. 이와 마찬가지로 IR도 친화력을 발휘하는 것도 중요하지만 그 보다 더 중요한 것이 실력이다. 회사의 내용을 적절하게 분석하고 전달할 줄 아는, 그리고 그들이 궁금한 부분에 대해 깊은 insight를 제공할 줄 아는 그런 실력이 오히려 더 중요하다.

해외 IR담당자

외국인을 대하는 임무를 가진 해외 IR담당자라면 영어로 communication이 가능하되 자금조달관련시장 financing world에서 사용하는 언어를 구사하는 법을 빠르게 습득해야한다. 많은 회사들이 native라면 무조건 뽑아서 IR을 시키는데 필자 가 IR팀장 시절 그런 팀원과 일 한 적이 있다. 영어는 잘 하는데 회계재무지식이 너무 없어 투자자들이 재무적인 상황을 물어보면 제대로 알아듣지 못하는 친구였다. 그래서 약 6개월 동안 재무제표분석을 시키고 그것을 설명하게 하는 트레이닝 training을 시켰지만 워낙 숫자에 약하고 분석하는 것을 잘 못하는 친구라 애를 먹은 기억이 있다. 그 친구의 경우 전반적인 내용을 설명하는 것 까지는 써먹을 수 있지만 투자자가 조금만 깊게 숫자 관련된 질문을 하면 전혀 대응을 하지 못해 미팅을 혼자 맡길 수 없었다. 차라리 영어는 좀 어눌할 수 있지만 사실관계를 정확히 전달하고 숫자분석이 가능한 친구가 더 잘했기 때문에 결국 그 친구는 다른 부서로 보내고 영어는 완벽하지 못하나 조금할 줄 아는 친구를 타 회사에서 영입해 더 많이 활용했던 기억이 있다. 해외 IR을 맡기겠다고 무조건 네이티브 처럼 영어 잘 하는 사람만을 뽑으려는 회사는 생각을 조금 달리 해볼 필요가 있다.

공시전문가는 법의 전반적인 것을 이해하고 공시 관련된 법을 이해하며 특히 주식발행업무에 대한 지식이 필요하다. 만약 공시담당자가 IR전문가로써의 역할로 조금 더 직역을 넓히려면 애널리스트들 만큼의 숫자 분석능력을 키워야 한다.(그래서 실제적으로 애널리스트로 이적 제의 scout를 받기도 한다. 그러니 그것은 결국 자신에게 큰 이득이다.) 거꾸로 IR 커뮤니케이션만 하는 사람의 경우 주식발행업무와 공시관련 법규에 대한 이해가 필요하다. 이를 위해서는 기본적으로 본인이 무엇을 공부해야할지를 알아야하고 회사가 그런 공부를 할 수 있도록 배려하는 것이 중요할 것이다.

어떻게 육성할 것인가.

많은 회사들이 외부에서 IR전문가를 영입하는 방법을 활용한다. 내부에 경험자가 없다면 당연한 일일 수도 있다. 그러나 회사의 형편상 내부에서 담당자를 차출하거나 IR업무를 추가해야 한다면 적정한 교육이 필요할 것이다. 모든 업무가 그렇겠지만 문제는 IR은 교육으로는 한계가 있다. 기초적인 것과 이론적인 것은 외부의 도움을 받아 가르쳐 줄 수 있지만 기본적으로 경험이 필요하다. IR업무는 회사의 비즈니스를 파악하는 능력만 있다면 누구나 할 수 있다. 따라서 비즈니스를 이해할 수 있도록 기획미팅 등에 참여시키는 것도 방법 중에 하나이다. 큰 회사라면 사실 기회는 더 많다. 증권사나 은행 등에서 equity 관련 부서들이 자신들의 고객유치를 위해 IR교육프로그램을 많이 가동하기 때문이다. 필자도 Citigroup, JP Morgan 등에서 제공하는 IR교육들을 받아봤는데 잘되어 있다.

아쉽게도 중소형사들은 그런 기회가 잘 주어지지 않는다. 그나마 한국IR협의회 등에서 정기적인 교육을 실시하는데 중소형사들은 예산사정상 협회가입 등을 잘 하지 않는다. 그래서 필자는 (중소형사들에게는 미안하지만) IR분야로 오고 싶어 하는 새내기들에게 최대한 대기업에서 시작하라고 한다. 그건 그런 교육기회가 많고 특히 다양한 투자기관들을 접할 기회가 많아지기 때문이다. 그러나 만약 중소기업이라도 그런 교육 등을 받게 해주는데 인색하지 않다면 대기업을 선호할 이유는 없다.

필자가 운용하는 인터넷 Cafe에서도 멤버들끼리 스터디클럽을 만들어 그 아까운 토요일 하루를 공부하는데 쓴다. 사실 아무리 회사가 공부를 시켜주려고 해도 스스로 그런 의욕이 없다면 무슨 소용이 있겠는가. 공부하려는 의지를 가진 사람들은 어떤 방법을 써서라도 하는 것을 볼 때 경영진의 의지부족 탓만 할 일은 아닌 듯싶다. 그러나 그런 의지를 가진 직원을 전혀 알아주지 못하고 도리어 쓸데없는 일에 자꾸 시간을 낭비하게 하여 공부할 시간조차 안주는 회사들이 있다면 그 또한 문제일 것이다. 필요 없는 보고서를 만드는데 주말까지 반납하는 그런 회사들이 얼마나 많은가. 간단한 이-메일 하나로 족할 일을 수많은 윗사람 보고용으로 구미에 맞게 만들어드리느라 헉헉거리는 직원들. 그것들을 보면 참으로 안타깝다.

결론

그래서 IR을
잘한다는 것이란

경영결과에 객관성을 부여하는 IR

경영은 숫자로 말한다. 그리고 그 숫자가 의미하는 것을 제대로 알려면 제2의 견해 second opinion이 필요하다. 부서들은 좋은 것만 말하고 싶어 하고 나쁜 것은 숨기거나 포장하고 싶어 한다. 그러나 지분을 가지고 있는 주주들은 다르다. 그들은 치열하게 분석한다. 많은 회사들이 또 경영진들은 자신이 듣고 싶은 이야기만 들으려는 경향이 있다. CEO가 자신의 회사의 실상에 대해 최소한 좀 더 객관적으로 평가를 받아보기 원하면 주주들을 만나는 것 이외에 더 좋은 방법이 없다고 본다.

"숫자는 말과 아주 흡사하여 홀로 떨어져 있을 때는 자체의 의미만을 지니지만 다른 숫자와의 관계망 속에 놓이면 훨씬 복잡한 뜻을 갖는 기호다. 비즈니스에서 숫자는 기호이고, 이들을 통해 우리는 개별 기업이나 모기업을 구성하는 기업연합체의 다양한 활동을 평가한다. 모든 숫자를 더하고 빼고 나면 손익계산서상의 순익과 손실, 즉 최종결과(bottom line)가 드러난다. 어떤 비즈니스도 숫자 없이는 운영될 수 없다. 숫자는 기업의 건강 상태를 측정하는 일종의 온도계 역할을 한다. 또 경영진에게 무슨 일이 있는지를 알려주는 1차 통신수단의 역할도 한다. 숫자가 정확할수록 그것은 '

확고부동한 사실'에 기초한 것이며, 이에 따라 메시지도 명확해진다. 숫자를 관리할 필요는 없다. 회계규정을 어겨가며 한 분기에 속하는 매출이나 수취채권을 다른 분기로 슬쩍 옮길 필요도 없다. 진실은 감춰지지 않는다. 장부를 조작하는 것은 마치 환자를 내버려둔 채 온도계의 수치만 떨어뜨리면 된다고 여기는 것과 같다" ITT를 경영했던 CEO 해롤드 제닌의 이야기다.

중장기전략이나 사업계획미팅 때문에 사업부들을 만나보면 그들은 자신들의 치부를 숨기고 좋은 것을 드러내는데 박사들이라는 것을 알게 된다. 솔직히 필자라도 그들의 입장이면 그렇게 할 것 같다. 필자도 IR성과에 대한 보고를 할 때 구태여 못하는 부분을 강조하지 않는다. 예를 들어 외국인들 지분율이 빠져나간다면 그럴 수밖에 없는 이유를, 불가항력적인 그럴듯한 근거들을 멋지게 생각해내 잘 설명하고 안 좋은 부분을 구태여 드러내지 않게 한다. 사업부들 역시 당연히 그럴 것이다. 그때 그들의 치부를 기가 막히게 지적하는 CEO들이 있다.(물론 좋은 CEO는 지적으로 끝나는 것이 아니라 같이 문제를 해결해가는 CEO이다.) 그것은 그가 숫자 뒤에 숨겨진 사실을 이해한다는 뜻이다. 아무리 핑계를 대도 중요한 것을 놓치지 않아야 하는데 이때 바로 객관적인 의견이 필요하고 IR팀이 그 역할을 해줘야 한다.

이것을 배우는 데는 애널리스트들이나 주주들의 "가감 없는 지적질"만큼 확실한 것이 없다. 당장 그들에게 싫은 소리 듣는 것이야 정말 자존심 상하고 짜증나는 일이지만 그것을 포기하는 것은 경영의 일부를 포기하는 것과 마찬가지라 본다. 그러나 이것이 제대로 이루어지려면 숫자를 제대로 공개해야한다. 진짜 중요한 정보들을 다 감춰놓고 뻔지르르한 것만 보여주면서 그들의 "사심 없는 의견"을 기대하는 것은 상식적으로 어불성설 아니겠는가.

옳은 말을 하는 것은 매우 중요하다. 그러나 그것을 어떻게 전달하느냐 하는 것도 그에 못지않게 중요한 일이다. 아랫사람이든 동료든 윗사람이든 누구도 잘못을 지적당하는 것에 대해 즐거운 마음이들 사람은 없다. 그러므로 남의 의견에 대한 반박이나 지적은 최대한의 예의를 갖추어 하는 것이 바람직하다. 의견을 피력할 때는 개인적으로 최대한 좋은 태도를 통해 상대방의 마음이 다치지 않도록 지혜롭게 전달해야한다. 특히 상대방의 의견을 반박하기보다는 대안을 제시하는 방안으로 말이다. 그러나 결론은 어떻게 하든지 "전달해야한다"라는 것이다. 방법은 가장 지혜롭게 해야

하지만 어쨌든 경영진이 알아야 하는 것을 알지 못하는 것은 엄연히 실무자 책임이다. 그것을 안 하는 것은 직무유기이다. 다만 말은 칼 같아서 누군가 다칠 수 있기에 그것을 안전한 칼집에 잘 담아서 전달하는 것도 실력이다.

IR은 결국 경영을 잘하도록 도와주는 것

"경영한다는 말은 당신이 공들인 어떤 일에서든 의도한 목표를 달성해야 한다는 의미이다. 만약 이런 성과를 달성하지 못하면 당신은 경영자가 아니다. 당신의 사무실 문패에 "사장" 이나 "부사장" 이나 또는 "영업부장" 따위의 거창한 직함이 걸려있을지 모른다. 그러나 성과를 달성하지 못하면 최소한 내가 말하는 의미에서 당신은 경영자가 아니다. 비즈니스 세계에서는 모든 사람이 자기의 이익을 위해 행동하며, 적법하지만 서로 양보하기 어려운 목적을 위해 노력한다. 고객은 더 낮은 가격을 원하며 공급자는 더 높은 가격을 요구한다. 노조는 임금인상을 외치고 주주들은 늘 수익에 목마르다. 경쟁사는 우수한 품질에 제품을 싼값에 판매한다. 당신이 경영자라면 이 모든 것을 관리하는 동시에 당신이 자신과 회사를 위해 설정한 목표는 물론 이러한 상충되는 목적들을 만족시키는 성과를 내면서 한해를 마무리해야 한다. 경영에서는 결과가 중요하다. 그 결과는 연말의 손익계산서에서 나타난다. 경영자는 경영을 해야 한다는 말은 당신이 그런 결과를 얻어야 한다는 뜻이다." 프로페셔널 CEO by 헤롤드 제닝

이렇게 경영자는 다양한 이해관계자들을 관리하는 동시에 결과를 만들어내야 한다. IR은 CEO스텝부서이다. Staff은 경영자가 이러한 다양한 이해관계자들을 관리하는 데 도움을 얻기 위해 전문성을 바탕으로 경영진을 도와주는 사람들이다. IRO 역시 주주라는 이해관계자들로 하여금 경영진을 믿고 지원하도록 하는데 그 역할이 있다. 주주들이 경영진을 믿고 지원하는 이유는 결국 기업 가치를 올려줄 것을 기대하기 때문이다. 단기적으로는 여러 가지 장밋빛 전망과 온갖 감언이설로 주가를 오르게 할 수도 있다. 그러나 결국 실적이 받쳐주지 않으면 기업은 존재할 수 없다. 이를 위해 경영진은 경영을 해야 하고 Staff은 그들이 그것을 할 수 있도록 자신의 전문성을 발휘해야하는 것이다.

좋은 경영진을 만나서 그들이 "경영을 해내면" IR도 신나고 재미있다. 시장의 기대치를 관리하는 것은 IR이 해야 하지만 결국 그럼에도 불구하고 최소한을 해내거나 최소한보다는 조금이라도 더 잘하는 경영성과를 보여주는 경영진을 만

나는 것이 가장 행복한 IR이 아닐 수 없다. 이럴 때 IR이 할일은 경영진이 너무 욕심 부리지 않도록, 다시 말해 쓸데없이 시장이 너무 높은 기대를 하지 않도록 기대치 관리를 잘하는 정도이다.

투자자들을 만나면 아주 쓸데없는 질문들을 하는 이들을 만나게 된다. 스스로 쓸데없는 기대를 가지고 경영을 하는데 별로 중요하지도 않은 사항을 가지고 시비를 걸고 아는 체를 하기도 한다. 그러나 목표가 명확하고 그 목표를 위해 경영을 하는 경영자들 밑에서 뭐가 중요한 것인지 뭘 해야 정말 잘하는 것인지를 잘 아는 IR은 그런 잡음에 동요하지 않게 된다. 주식시장 참여자들 중 물론 이들이 대박을 꿈꾸고 그런 회사를 만나고 싶어 하기 마련이지만 많은 (프로) 투자자들이 금리를 상회하는 정도의 꾸준한 실적만 내줘도 충분히 투자할 만한 가치가 있다는 사실을 안다.

헛된 꿈을 파는 IR이 아니라 결국 사실을 파는 IR, 그것이 주주관리의 첫걸음이자 마무리이다. 이렇게 됐을 때 첫 단추를 잘 끼고 좋은 스토리를 만들고 그 스토리가 스토리로 끝나지 않는 지속가능한 멋진 기업이 되는 것이 아닌가 싶다.

Market Intelligence 와 Market Sounding

외부적으로 IR을 잘하는 것과 기업 내부적으로 잘하는 것이 매우 다르다. 이것을 다음과 같이 결론 낼 수 있다. 내부적으로 잘하는 것이 마켓 인텔리전스 Market Intelligence 이고 외부적으로 잘하는 것이 마켓 사운딩 Market Sounding 이다.

Market Intelligence란 IR이 대내외 정보 소스로서의 역할을 하는 것이다. IR이 사실상 주가를 움직일 수 없다는 것을 아는 순간 역할이 무엇인가 고민하게 된다. 그때 내린 결론이 바로 정보창구로서의 역할인데 이는 주가상승요인과 하락요인을 분석하는 일 즉 주식시장의 상황 특히 경제상황 등(버냉키가 3차 완화발표를 했다더라 등) 시장에 영향을 미치는 요소들에 대해 이해하고 있어야 하는 것이며 이를 하기 위해서는 분명 앞에서 언급한 IR역량들이 필요하다.

또한 그밖에 여러 가지 루머나 상황을 모니터링 하는 일인데 특히 경영진의 경우 시장에서 도는 경쟁사정보에 가장 관심을 가지게 되기 마련이고 이런 정보들이 IR팀을 통해 경영진에 전달되지 못하고 다른 통로를 통해 먼저 들어가지 못하도록 한발 앞서서 경영진이 관심을 가질 정보나 민감하게 생각할 정보를 모니터링 및 리포팅 하는 것이 비록 명시는 안 되어 있더라도 경영진들이 의식적으로 또는 무의식적으로 기대하는 중요한 업무 중에 하나이다.

그리고 외부적으로 잘한다는 소리를 듣기위해 잘해야 하는 역할이 Market Sounding이다. Market Sounding이란 기대치 관리 expectation management와도 유관한데 특히 시장이 회사에 기대하는 것을 실적에 반영하게 하는 것이다. 시장에서 기대하는 재무실적뿐만 아니라 R&D 성과, 계약 성과 등이 여기 포함되는 것인데 주가는 언제나 기대보다 못했을 때 빠지게 되는 것이며 만성적으로 기대이하의 성적을 낼 때 소위 주가할인 discount의 규모가 더 커지며 IR팀의 존재가치에 도전을 받게 되기 마련이다. 따라서 IR팀은 시장이 너무 큰 기대를 갖지 않도록 회사의 실정을 잘 파악하여 communicate하는 동시에 마지노선을 잘 파악하고 그 마지노선보다 못하는 실적을 내지 않도록 경영진을 푸시 하는 역할을 해야 한다.

과거 저자가 말한 마지노선을 지키지 못한 실적을 냈을 때 주가가 폭락을 하는 경험을 몇 번 하신 경영진들이 그 후 악착같이 비용절감을 해서라도 제가 말하는 선은 지켜줄려고 노력하는 편이 되었고 이것이 시장에 알려져 회사가 시장 친화적으로 변해간다는 평가를 듣게 된 경험이 있다. 그러나 IR이 언제나 경영진의 앤티가 되어 사사건건 문제제기를 하는 부서로 낙인찍히지 않기 위해(앞서 앤티로 키우라고 했지만 현실은 그럴 수 있는 경영진들이 그리 많지 않다는 현실을 반영하여), 대신에 현업에 있는 사람들과 수시로 communication해서 시장의 눈높이를 빠르게 경영진의 눈높이에 맞추려는 노력을 기울이는 것이 중요하다.(물론 쉬운 일은 아니지만)

이 두 가지를 잘 했을 때 회사가 시장에서 보통 IR을 잘한다는 평가를 받는 동시에 IR담당자들이 경영진들에게 좋은 평가를 받는다고 믿는다. 그리고 그것을 잘 하기 위해 앞에서 언급한 여러 가지 IR활동 즉 실적발표회, NDR, IR미팅 등이 활용되는 것이다.

하루하루주가에 일희일비하지 않는 IR과 경영진이 되길
주가는 수많은 투자자들이 그날그날 내리는 결정에 의해 좌우된다. 만약 하필 그날 어떤 기관이 그들이 정해놓은 loss cut(장기적으로 투자할 목적으로 매입했으나 주가하락이 내부규정으로 정해놓은 마지노을 넘어 매도해야하는 상황)에 걸리거나 그들이 목표했던 수익률에 도달하거나 또는 하필 그날따라 펀드들의 환매요청이 많거나(이 또한 중도금을 내야하는 어떤 개인이나 갑자기 병원비가 필요하던가 하는, 결코 알 수 없는 수많은 개인들의 사정에 따라 달라질 것이다) 하는 그날그날의 관측 불가능한 이유들로 수요와 공급이 변하고 이로 인해 시시각각 주가는 변화하는 것이다.

따라서 그날그날 주가하락과 주가상승의 이유를 알려고 하는 것은 너무나도 어리석은 짓이다. IR담당자를 오래하다 보면 그날그날 둘러댈 핑계거리를 잘 찾아내는 것이 실력이기도하다. 그럼에도 불구하고 그렇게 영혼 없이 보고된 내용은 그저 적당한 핑계거리이기에 회사에 그 어떤 보탬도 되지 않음을 경영자들이 알았으면 좋겠다.

그래서 IR을 잘하는 기업은?
그래서 IR을 잘하는 기업은 첫 단추를 제대로 낀 기업이거나 처음에는 과한 욕심에 첫 단추는 잘 못 끼었지만 그 후라도 일관성 있고 꾸준한 IR활동을 통해 투자가들의 신뢰를 이끌어내고 그들이 놀라지 않도록 끊임없이 내부적으로 고민하는 리더가 있는 곳이 아닐까 싶다. 그 리더는 내부적으로 소통을 막는 혈전을 제거하고 IR담당자로 하여금 열심히 현장을 다니게 하여 열심히 자본시장에 회사의 좋은 점과 나쁜 점을 이야기할 수 있게 하는 동시에 그곳에서 들었던 냉정한 이야기들을 있는 그대로를 전할 수 있도록 쓴 소리도 들어줄 것이다. 또한 IR담당자들이 책임질 수 있는 범위 내에서 제대로 일을 하고 있는지 냉정하게 평가되고 그것을 토대로 부족한 부분들을 채워나가게 함으로써 IR이란 분야에서의 전문가 즉 The Professional Investor Relations Officer가 될 수 있도록 육성해주는 그런 기업이 아닐까 싶다.

Postscript

"웃음경영"이라는 개념이 실제 하는지 궁금하다. W그룹에서 일할 때 회장배석 Staff 회의 때 교육담당상무가 필자에게 웃음이 적어 리더 자격이 없다며 면박을 준다. 얼마 전 필자가 직원들의 필요이상의 교육시간에 대해 기획실장에게 보고한 후라 그에 대한 보복이 아닌가 싶다. 회사가 어떻게 되든 회사 내 자신의 위치를 키워가려는 교육담당 상무로 인해 필자뿐만 아니라 대부분의 직원이 힘겨워하던 때였고 안 되겠다고 생각한 필자가 기획실장에게 필자의 지난 한 달 일과 중 교육이 차지하는 비중이 70%가 넘어감을 계산해서 보여줬더니 아마도 그것이 귀에 들어간 모양이다.

W그룹 회장은 회사가 어려워 골치 아팠는지 외부강의를 많이 했다. 그리고 그것을 관리했던 것이 바로 그 교육담당 상무였기도 하다. 물론 당시 많은 이들이 샐러리맨 신화의 주인공의 이야기를 듣고 싶어 했을 것이라 생각하지만 회사 내부는 과도한 차입과 방대한 확장으로 인해 현금흐름이 안 좋아 매일 매일이 고비인데 기업의 수장이 밖에서는 긍정이 신화를 만든다고만 하고 있는 것이, 이 사정을 아는 재무담당들은 얼마나 기가 찰 노릇 이었겠는가. 그러나 그런 것에 아랑곳없이 자신의 입지에만 관심이 있는 일부 임원들로 인해, 회사는 언제나 대외적으로 엄청나게 성장해가는 신화적

인 모습으로만 포장되어야 했다.(돌이켜보면, 확실치는 않지만 오너 스스로도 그것이 포장이 아니라 믿는듯했다. 그래서 정말 옆에 누가 있느냐가 중요하다)

그러나 숫자를 조금만 보는 사람이라면 이것이 얼마나 속빈 강정인지 금방 알아차릴 일이고 바로 그것을 가장 잘 알고 있는, 투자할 마음이 없는 자본시장 참여자 즉 애널리스트, 투자자들을 상대하는 필자로써는 그런 회사의 모습이 얼마나 답답한 일인지 모를 일이었다. TV에서는 신화적인 회사이며 총수인데, 막상 주가는 그런 신화에 부합하지 못하고 떨어지기만 하는 이유를 전해야 하는 필자는 한마디로 매국노요 왕따 일수밖에 없었고, 그 이유는 주가관리를 담당하는 필자와 IR팀은 어느 상황에서도 웃을 수 있는 웃음능력 부족의 무능이기만 했다.

사실 이런 경영진의 반응이 꼭 무리인 것은 아니긴 하다. 과거에도 회사가 어려움을 겪었지만 그럴 때 마다 IR팀과 홍보팀이 뉴스관리를 잘(?)했고 시장이나 언론에 알려지지 않는 사이 그런 어려움들이 지나가 마치 아무 일도 없었던 일처럼 됐었기 때문이다. 주가를 올려 시장에서 더 좋은 조건으로 자금을 조달 할 수 있고 그것만 되면 어려움은 잘 버텨낼 수 있기에 그런 "성과책임"을 염두에 두고 필자를 영입했는데 처음에는 조금 되는 듯 했으나 주가는 곤두박질 치기만하니 고용주 입장에서 얼마나 열이 받았을까…

이는, IR은 주가관리를 하는 팀이라는 오해에서 비롯된 탓이 아닌가 싶다. 이런 오해는 경영진과 임원들뿐만 아니라 개인투자자들이나 심지어 조금 안다는 기관투자자들까지도 하고 있고, 그래서 주가가 떨어지면 무조건 IR팀에 항의한다. 기자들 역시 회사가 전해주는 내용만 듣고 판단하기 마련이고 이는 뛰어난 홍보팀 능력의 결과이다. 그러나 주가는 매일 매일 수천 개의 변수로 인해 결정되어 지고 궁극적으로는 그 회사의 펀더멘탈을 반영한다. 기업이 클수록 많은 직원들과 또 관련업체들이 있는데 그들을 통해 전해지는 여러 가지 이야기들이 주가에 이런 저런 모양으로 반영되면서 결국 그 실체의 가치가 드러나게 되는 것은 시간문제인데, 그것이 IR팀이나 홍보팀의 소통관리 능력만으로 될 사항은 아니지 않은가…

물론 회사가 그런 생각으로 필자에게 IR팀장자리를 오퍼했다는 사실을 몰랐으니 필자의 실수이기도 하다. 그 건 모두 필자의 실수이기는 하다. 혹, 이 책을 읽은 IR담당자 중에 이직을 고민하고 있다면 그 쪽 회사에서 내게 어떤 것을 기대하고 있는지 꼭 확인해야 한다. 다른 것은 몰라도 혹시 주가를 올릴 수 있다는 오해를 하고 있다면 꼭 피할 것을 권하고 싶다.

다시 말하지만 IR팀이나 홍보팀은 주가를 꾸준히 올리거나 여론을 형성할 수 있는 곳이 아니다. 그건 나라님도 못하는 일 아닌가. 그런데 그걸 일개 월급쟁이에게 기대하는 것은 어불성설이다. IR이나 홍보가 할 수 있는 일은, 또 해야 할 일은, 투자자들이나 기자들과 좋은 관계를 유지하는 것이고 그것이 최대이다. 그래서 정말 필요할 때 한 두 번의 도움을 받는 정도는 가능하나 무너져가는 회사가 영원히 괜찮을 것처럼 포장할 수 있는 위대한 부서는 될 수도 없고, 되어서도 안 된다. 경영이 잘 되면 IR팀이 시너지를 일으켜 더 좋은 결과를 가져오기는 한다. 그것을 적절한 타이밍에 시장에 알려 주가가 근거 없이 떨어지는 것을 방지하여 조달 비용이 회사의 펀더멘탈을 반영하도록 도움은 줄 수 있기 때문이다. 그러나 근본적으로 어려운 회사를 IR이 주가를 올려 살려낼 것이라는 황당한 기대를 한다면 얼른 그곳에서 도망 나와야 하지 않을까 싶다.

필자는 A그룹의 가장 큰 오판은 어떻게 하든 일단 숨기고 보려는 경영진들에 있다고 본다. 필자가, 회사의 자금문제가 심각해져 오는 초기에 외국인투자자들을 섭외하여 전환우선주를 발행하자고 했으나 담당임원이 반대하였다. 그 이유가 외국인투자자들이 심사(due diligence)를 까다롭게 하기 때문이며 그 경우 회사의 내부 자료를 공개해야 하는데 그렇게 되었을 때 자회사들이 얼마나 어려운지가 다 드러난다는 것이었다. 그렇게 나쁜 상황이라면 사실 IR은 사기가 되는데도 그것을 잘 하는 것을 좋은 성과로 인정하자는 그 발상은 참 이해하기 어려운 부분이다. 그러나 A사는 다년간 수천억의 자금조달을 여러 형태의 지급보증을 통해 해왔고, 그럴 때 마다 시장에 언젠가 잘될 것이고 나쁜 것이 별로 없다고 이야기 했다. 특히 인수한 건설사가 여러 가지 건축비용조달을 위해 PF를 발행할 때나 단기자금을 조달할 때 결국 홀딩스의 지급보증이 되었어야 함에도 불구하고 홀딩스의 일반주주들에게 그러한 사실들이 모두 숨겨졌고 결국 견디지 못하고 터져버린 것이다.

결과론일지는 모르겠지만 만약 W사가 초기에 그런 상황을 솔직하게 털어놓고 외국인투자자의 투자유치 노력에 힘을 기울였다면 결과가 그리 참담하지 않을 수도 있지 않을까 싶다. 적어도 자신의 치부를 드러내고 문제를 해결하려는 시도 없이, 무너져가는 회사가 다시 살아나는 방법은 없다고 생각한다. 그러나 W그룹은 언제나 어떤 상황에서나 쉬쉬했고 법정관리마저 또 다른 전략도구로 썼어야만 하는 참으로 안타까운 결과로 이어졌다. 현실은 나몰라하며 자신의 입지만 생각하여 회장의 눈을 가린 "웃음경영"의 끝장이 바로 법정관리라는데 쓴웃음이 지어진다. 물론, 매일 매일 어려움 속에서도 웃음을 잃지 않는 것은 매우 중요한 일임을 인정한다. 그러나 현실은 숨겨둔 채 마치 모든 게 잘 돌아가는 냥 앞에서 미소만 짓고 있는 사람들 속에 파묻혀 있는 것이 '웃음경영'의 본질은 아닐 것이라 생각한다.

회사가 왜 존재하는가? 거기엔 여러 가지 이유가 있을 것이다. 그러나 그 중에서도 그 기업으로 인해 수많은 사람들이 생활을 영위하고 자식들을 교육시키며 부모님의 노후를 도와드릴 수 있는 버팀목이 된다는 것만큼 고귀한 존재이유는 없지 않을까 싶다. 한 사람의 아이디어와 열정이 한 기업으로 태어난다. 그리고 그의 카리스마와 재능으로 성장한다. 그러나 그 기업이 공개된 상장회사가 되었을 때는 이제 그 기업은 더 이상 그 사람 개인의 것만이 아니며 따라서 (시작은 그렇게 했을지언정) 누군가 한사람 또는 몇몇의 영웅심이나 자존심을 위해 존재해서는 안 되지 않는가 싶다. 그 한 사람의 오판으로 인해 수많은 이해관계자들이 직장을 잃거나 노후자금을 잃고, 그로인해 그들의 아이들이 교육의 기회까지 얻지 못하는 불행으로 이어질 수 있음을 생각하고 두렵고 떨리는 마음으로 경영에 임해야 한다. 기업의 오너가 재계 순위 등 실속 없는 자존심 싸움에 뛰어들지 않고 또 경영자들이 자신들의 내부적인 입지구축과 안위만을 생각하지 않고 그 회사를 통해 생활을 영위해가는 수많은 이해관계자들과 그들의 가족의 안위를 생각한다면, 내가 듣고 싶은 것만 듣고, 하고 싶은 것만 하지는 못하지 않을까 싶다. 특히 상장회사는 상장회사만이 누릴 수 있는 가장 큰 혜택이 있고, 그것이 바로 투자자와 애널리스트 등 자본시장이 줄 수 있는, 객관적이지만 프로페셔널 한 시각이라 믿으며 IR은 이들과의 좋은 관계를 통해 회사에 유익을 가져다주고 경영진은 이런 좋은 자산을 잘 활용하여 기업을 성장시키고 그래서 나아가서는 국가경제에 큰 도움이 되는 그런 결과로 이어졌으면 하는 바램을 가져본다.

부록

부록1. 분할이야기

지주회사를 왜 세우느냐 그리고 왜 분할이라는 방법을 통해야 하느냐. 우리나라는 재벌중심의 성장모델로 성장한 나라입니다. 재벌에게 무제한의 금융혜택(마음껏 차입하게)을 주고 이를 통해 문어발식 확장이 가능했던 거죠. 해외의 경우 한 회사가 IT도 하고 음식물도 하고 건물도 짓는 경우는 거의 없습니다. 그러나 우리나라 재벌들은 계열사 확장 즉 M&A를 통해 그렇게 해왔다는 것이죠.

왜?

나름 오너쉽을 가지고 책임을 가지고 잘 해내니까. 그러니까 잘하는 놈에게 다 밀어주는 박통식 시스템. 그렇게 재벌들이 성장했고 이제 글로벌 기업이 되었으니 모델이 잘못됐다고 말하기는 힘들게 되었습니다.

재벌기업들은 마음껏 은행에서 돈을 꿰다가 회사를 사 자회사가 되고 그 자회사는 또 돈을 빌려 손자회사를 사고. 그러다 모회사에 돈이 없으면 손자회사가 모회사에 증자를 해줘서 주주가 되고. 이러다 보니 소위 순환출자구조가 되어버린 거죠. 엄청난 레버리지를 일으키는 방법인데 작은 돈 들여 여러 큰 기업들을 내 소유권 안에 둔겁니다.

그러다가 IMF가 터졌습니다.

자회사는 모회사에 모회사는 자회사에, 자회사는 또 다른 자회사에 투자했었는데 한 놈이 부도나니까 연쇄적으로 부도가 나기 시작한 겁니다. 수천%의 부채비율을 자랑(?) 하던 대우는 이렇게 연쇄 도산하여 역사의 뒤안길로 사라지고 세계는 넓고 할 일이 많던 김우중 회장은 좁은 감옥에서 조용히 지내게 되어 버린 게 아닌가 싶습니다. 솔직히 김회장의 죄목이 뭔지는 잘 모릅니다만 그 저변에는 확실히 처음부터 잘못된 구조적 문제가 대우에 한꺼번에 퍼부어졌던 것은 분명 사실 같습니다.

IMF가 끝나고 재벌들은 더 이상 옛날 같은 방식으로 성장할 수 없게 되었습니다. 부채비율이 200% 한도에 묶여 버린 거죠. 더 이상 레버리지를 일으켜(작은 자본을 기반으로 돈을 왕창 빌려 그 돈을 투자하는 행위) 새로운 M&A를 하든가 투자를 하던가 하는 일이 불가능해진 겁니다. 또 자회사 끼리 서로 보증 서주고 하던 일도 이런 부채한도에 걸려 쉽지 않게 된 것이죠. 성장은 해야겠는데 돈을 못 빌리고 유상증자를 하자니 대주주 지분이 희석돼 경영권을 뺏길 위험에 노출되고 진퇴양난이 되었을 때 짜자잔 하고 등장한 방법이 바로 인적 분할을 통한 지주회사 전환입니다. 왜 분할방법으로 지주회사를 새우는가.

대주주들은 일반적으로 돈이 없습니다.(웃기게 들릴지 모르지만 최소한 회사의 지분을 20% 이상 올릴 만큼은 없다는 겁니다) 회사가 지주 회사가 되려면 자회사의 지분 즉 상장사의 경우 20%, 비상장사의 경우 40%의 지분을 확보해야 합니다. 그런데 그럴 돈이 없기 때문에 인적 분할이라는 방법을 통해 회사를 나눈 다음 한쪽 회사의 지분을 다른 회사에게 넘겨주고 그 회사의 지분을 받는 소위 STOCK SWAP 이라는 방식을 통해 돈 없이도 지주회사를 통해 지배력을 확보하는 것이지요. 일반적으로 주식교환 Stock swap도 일종의 주식거래행위라 대주주의 경우 양도소득세를 내야 합니다. 그래서 세금을 내고 나면 경영권유지가 어려워지기 때문에 잘 안 하게 되죠. 그런데 지주회사설립을 위한 주식교환의 경우는 세금을 연기시켜줍니다. 자식한테 물려주거나 현금화시키기 전까지는 세금을 안내도 되는 거죠. 그래서 지주회사의 지분이 늘어서 본인 세대에서는 지배력이 강화되는데 자식한테 물려주면 40%의 양도소득세와 40%의 증여세를 동시에 내야 합니다. 그럼에도 불구하고 그것은 아주 나중의 일이니 당장 경영권 방어가 급한 회사들로써는 나중에 걱정할 일이죠. 그래서 돈이 많은 대주주들은 사실 지주회사를 분할방법으로 설립할 이유가 없습니다. 돈이 없으니 다 이런 귀찮고 어렵고 복잡한 짓을 하게

되는 겁니다.(하긴 귀찮고 복잡한 일은 저 같은 프로들이 맡아서 해주니 상관없을 수도 있겠네요)

인적분할 그리고 지주회사 설립

인적분할이란 그야말로 회사를 두개로 쪼개는데 주주들은 양쪽에 똑같이 지분을 가지게 되서 주주입장에서는 손해가 전혀 가지 않게 하는 방법입니다. 이것은 그림으로 그려서 설명 드려야 보다 확실하게 이해가 되기 때문에 그림을 참고 해주십시오.

분할 전에는 대주주가 A 라는 회사에 20%의 지분을 가지고 있었다고 가정해보겠습니다.

#1. 분할 전

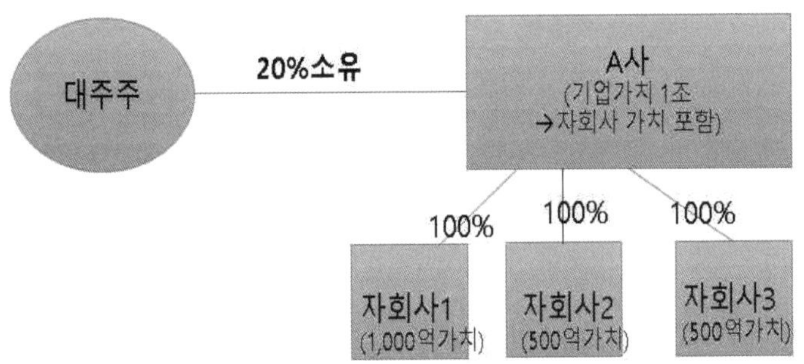

분할을 하게 되면 A 안에 있던 사업부문이 빠져나가 새롭게 설립한 회사B의 자회사가 됩니다. 따라서 A는 그냥 A

인데 자기사업만 하는 회사가 되니까 A' 라고 지칭 하겠습니다.(A는 A인데 작아진 A) 물론 이 과정에서 주주들은 A'와 B 의 지분을 양쪽 모두 똑같이 유지합니다. 그래서 이를 인적분할이라고 하죠. 주주입장에서는 그냥 주식만 한 회사의 주식을 두 회사의 주식으로 나뉘어 갖게 되는데 그 가치의 합은 결국 오리지널 회사지분의 가치와 똑 같기 때문입니다.

#2. 분할 후

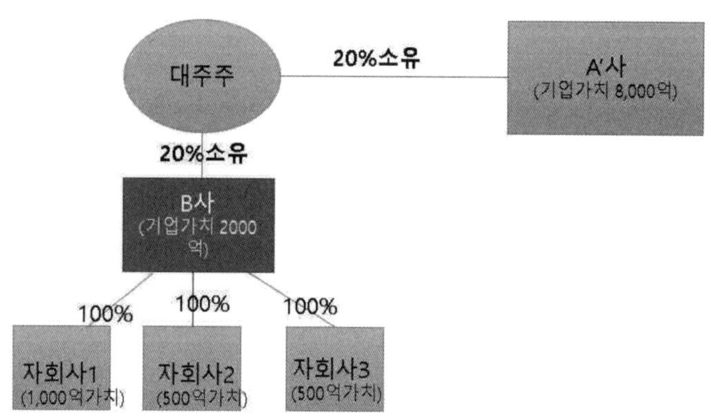

그리고 대주주는 가지고 있던 B주식을 A'에게 주면 A'는 1,600억의 가치의 B사의 지분을 받은 대신 B사는 그 가치에 상응하는 신주를 발행해서 대주주에게 줍니다. 원래 2000억 짜리 회사인데 이제 1600억 어치의 신주가 발행됐

으니 총 3600억의 기업 가치를 가진 회사가 되었네요. 그러면 이제 대주주는 A'사에 대해 원래 가지고 있던 20%와 B사의 지분을 팔고 받은 44%의 지분을 합쳐 모두 64%를 가진 주주가 되었습니다.(보통은 A'의 주가가 상승하고 B사의 주가가 하락하여 A'사의 지분으로 더 많은 B사의 지분을 갖게 되는 게 일반적인데 이러한 통념을 깨는 상황이 생기기도 하여 주식스왑 시기가 늦춰지기도 합니다)

#3. 주식교환 후

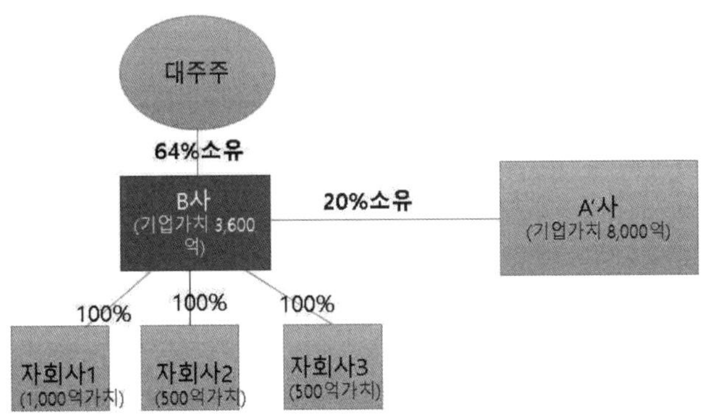

이제 대주주는 A'사 의 64%가지고 A'를 통해 B사에 대해서도 역시 여전히 20%의 지배력을 유지하게 되었습니다. 이렇게 인적 분할을 통한 지주회사 설립을 마무리하게 됩니다.

LG Case

삼성같이 대주주 지분이 너무 적은 경우에는 선뜻 하기 힘든 구조이기도 합니다. 분할을 하고 스왑을 해도 20%까지 올라가지 않으니 나머지는 자신의 돈으로 사야 되는데 삼성전자 같은 비싼(?) 회사의 지분을 어떻게 사겠습니까? 비싸서. 그러나 LG는 했습니다. 우리나라에서는 처음으로 했죠. 그때 그 작업을 저도 했었습니다. 분할이 되고 사업자와 (LGE)와 지주회사(LGEI)로 나누어지는 과정에서 주가가 그야말로 skyrocketing 했습니다. LG전자의 경우 LG텔레콤 지분을 30%나 가지고 있었는데 LG텔레콤이 그때 3G 라는 엄청난(수조원) 규모의 투자가 요구되는 Telecom 사업을 하고 있었거든요. 거기다 3등이라 성공가능성도 매우 낮아 보였고 그럼에도 불구하고 LG그룹이 투자를 강행하니까 LG전자의 주가가 폭락했습니다. 결국 거기에 필요한 자금을 LG전자가 댈 거라고 생각했으니까요.

그런데 분할하고 나니 LG텔레콤의 지분은 모두 지주회사인 (주)LG에게 가게 됩니다. 그리고 같은 지주회사 아래에 있는 자회사끼리는 서로 출자를 못하게 되어있습니다. 그러니 주가가 오를 수밖에요. 발표 후 12,000원이던 주식이 45,000원까지 상승했습니다. 그리고 분할하고 나서 6만원까지 오르는 기염을 토했죠.

돌이켜보면 시장은 LG전자의 가치는 원래 6만원인데 벌어들이는 돈의 대부분이 LG텔레콤이라는 밑 빠진 독에 부어진다고 생각했던 겁니다. 다시 말해 LG텔레콤의 기업가치가 마이너스로 작용하고 있었다는 이야기이겠지요. 이와 동시에. LG화학은 LGCI 라는 지주회사와 LG생명과학, LG생활건강, LG화학 이렇게 세 회사로 쪼개졌고 나중에 LGCI 와 LGEI 는 합병되어 지금의 LG그룹의 지주회사 (주)LG가 되었습니다. LG화학 쪽의 상황은 제가 잘 모릅니다만 LG전자와 비슷하지 않았을까 추측 해봅니다.

I. 분할구도 짜기

분할을 하게 되면 회계컨설팅 업체와 투자증권(IB)의 도움을 받는 게 일반적입니다. 그렇게 분할구도를 짜고 이사회 승인을 얻습니다. 이때 제일 중요한 것은 Timeline입니다. 분할승인을 하고 증권거래소에 상장 예비심사청구서를 제출하고서부터 재상장 여부에 대한 승인을 받는데 까지 약 두 달이 걸립니다. 그렇게 승인된 '증권거래신고서'를 공시하면 공시한 날부터 효력발생 하는데 까지 7일이 걸립니다. 증권신고서가 효력을 발휘해야 주주총회를 열어 결의를 할 수 있습니다. 이사회가 전초전이라면 임시주총이 종착역입니다. 임시주총을 통과하여 지주회사로 전환하는데 까지 걸리는 시간을 잘 계산해야 합니다. 여기에 가장 중요한 이슈는 "양도소득세 이연기간"과 "지주회사 상장실질심사"에 대한 이슈였습니다.

첫 번째 이슈: '양도세 이연'

특히 지주회사 요건을 갖추지 않으면 말씀드린 데로 양도소득세가 이연되기 때문에 요건을 맞출 수 있는 시간을 충분하게 잘 디자인하는 게 중요합니다. '양도세 이연'은 지주회사전환을 위한 현물출자 즉 Stock swap을 통한 지분취득 시에만 받을 수 있습니다. 이게 지주회사 전환의 핵심입니다. 다시 말씀드려 Stock swap을 했는데도 불구하고 20%의 지분을 확보하지 않은 채 시간이 지나가 버려 지주회사로써의 요건을 못 갖추면 이에 따라 이연되었던 양도소득세를 내야 하는 문제가 생긴다는 거죠.

그런데 다행인지 불행인지 명확하게 언제까지 SWAP을 하라는 규정은 없습니다. 그럼에도 불구하고 거래소에서는 회사 측에서 어느 정도의 가이드라인을 가지고 가길 원해서 언제까지 전환할 계획인지를 물어봅니다. 그래서 타임라인을 세울 때 거래소와 이 부분을 어떤 스케줄로 가게 되느냐가 가장 핵심인 것입니다. 그 deadline을 어긴다고 당장 양도소득세를 내야 하는 건 아니지만 그래도 정한 스케줄보다 너무 늦어지지 않아야 하는 건 분명한데 그게 언제인지는 확실치 않습니다. 왜냐하면 이때까지 지주회사요건을 갖추는 기간이 거래소와 암묵적 협약기간을 너무 넘긴 경우가 없었기 때문입니다.

두 번째 이슈: 지주회사 상장 실질 심사

어떤 회사든 적정한 영업이익과 재무건전성을 갖추지 못하면 상장이 폐지될 수 있습니다. 지주회사의 경우 사업을 하지 않기 때문에 이 부분이 매우 취약할 수 있습니다. 분할된 모회사가 아직 지주회사로써의 요건을 갖추지 않고 상장요건에 미달되는 경우가 생길 수 있습니다. 그런 경우 상장폐지가 될 수 있으니 지주회사가 되기도 전에 적자를 3년 낸다든가 하는 상황이 벌어져서는 안 되는 거죠.(상장요건과 비슷합니다) 지주회사요건을 갖춰 자격을 갖게 되면 이 부분도 예외가 됩니다. 지주회사는 당장 영업적자를 내도 상관이 없습니다.(물론 나중에 상장폐지가 되지 않으려면 이익을 내야 하겠지요) 따라서 타임라인을 지주회사 요건을 갖출 수 있게 회사의 역량을 잘 관찰하고 그에 따라 거래소와 어떻게 이야기를 하느냐를 기준으로 잡아가면 됩니다. 일반적인 경우 이사회를 하고 멀지 않은 기간에 주총을 하는 것이 바람직합니다.

II. 이사회에서 주총까지의 여정

분할계획서 작성 및 이사회승인 그리고 공시

분할의 실질적 시작은 이사회승인과 함께 분할계획서(분할된 회사의 재무구조 Proforma, 정관 및 신규임원포함), 이사회의사록, 3년간 회계검토보고서와 기존회사의 정관 등을 공시하면서부터 입니다.(분할계획서에 들어가는 내용들은 더 까다로워 질 수 있으니 경험 있는 IB의 도움이 꼭 필요합니다) 분할계획서를 만드는데 일단 한두 달은 잡아야 하는 것 같습니다. 사실 과거에는 분할계획서를 제출할 필요가 없었습니다. 아주 최근에 생긴 것이지요. 아마 저희가 두 번째 정도 되는 것 같습니다. 여하간 뭐든지 할 거면 일찍 일찍 하는 게 좋습니다. 늦어질수록 까다로워지고 더 힘들어지게 마련이니까요.

사실 공정공시에는 위배되는 일이지만 이런 중요한 구조변화를 위해서는 사전에 주요 주주들과는 협의를 해두는 것이 좋습니다. 저희도 K모 연금과 전략적 투자가들에게는 이사회 몇 일전에 설명을 해주었습니다.(사실 나중에 반대를 했지만, 저는 참 이해할 수가 없습니다. 반대할 거면 그때 하든지. 그러니 K연금이 얼마나 여론에 약하고 분위기에 휩쓸리는지 IR담당자들은 좀 알아둘 필요가 있습니다. 왜 반대를 했는지는 뒤에서 말씀 드리겠습니다)

공시가 되면 주가가 막 요동치죠. 저희는 3분기 실적발표와 분할계획공시를 같은 날 잡았습니다. 실적도 좋았고 분할에 대한 일반적인 시장의 믿음은 "분할하면 주가가 오른다." 이기 때문에 일단 그날은 4% 그리고 그 다음날은 12% 올랐습니다. 출발이 상당히 좋았죠.
분할에 성공하려면 주가흐름이 좋아야 합니다. 주가가 좋으면 모든 게 용서되기 때문입니다. 사실 시장의 의견도 주가에 비춰서 듣는 것이 중요합니다. 아무리 반대의견이 있어도 아무리 찬성의견이 강한 것 같아도 주가는 다른 이야기를 한다면 그건 치우친 견해일 뿐입니다. 좋은 전략이라고 발표했는데 주가가 빠지거나(시장의 다른 큰 변수가 생기지 않았다는 가정 하에) 별 반응이 없다면 시장은 분명 별로라고 생각하는 겁니다.

홍보의 역할
개미비중이 높은 회사라면 홍보와의 강력한 연대가 필요한데 개미들이 좋아할만한 기사들을 비축했다가 주가가 빠지면 뉴스를 활용할 필요가 있습니다. 앞으로 주총결의까지 홍보의 역할은 엄청납니다. 아니 IR이 뉴스를 feed 해주면 홍보는 기사화하는 절대 협력체계의 팀워크가 필요합니다.

거래소 승인 받기

이사회 승인이 되고 공시를 하면 거래소에 상장예비심사 청구서를 보냅니다. 근데 분할된 회사의 재상장 승인받는 작업이 장난이 아닙니다. 혹시 상장해보신 분들이라면 알겠지만 재상장이나 상장이나 거의 비슷한 수준의 자료를 요구합니다. 이사회 공시 다음날 저희는 예비심사 청구서를 거래소에 보내는데 이때부터 엄청난 양의 자료를 요구합니다. 정말 팬티까지 벗으라면 벗어야 합니다. 이때 중요한 것은 임원 하나가 책임을 지고 거래소와의 회사 대변인 역할을 해야 한다는 것입니다. 저희 회사도 거의 IB에게 맡겨두었다가 거래소에서 기분 나빴는지 엄청 까다롭게 구는 바람에 큰 낭패를 볼 뻔 했습니다. 그래서 CFO가, 만약 그분이 바쁘면 최소 필자라도(그나마 타이틀이 '이사'라 나름 써먹을 만 했습니다) 그 다음부터 문제되는 것들에 대해서는 직접 가서 설명해주고 실사를 왔을 때도 주요 임원들이 모두 나와 PT와 Q&A를 했더니 거래소의 태도가 많이 누그러졌

죠. 그 이후에는 쉽게 마무리를 지을 수 있었습니다. 어디든지 사람관리는 참으로 중요한 이슈입니다. 기분상하지 않게 높여주고. 특히 갑이라는 판단이 서는 순간 갑 대우를 아주 철저하게 해야 합니다. 대부분 조직원은 평상시 갑인 경우가 많이 없기 때문에 갑이 되는 몇 안 되는 순간에는 이때만이라도 최대한 그 위치를 누려보려는 속성이 있습니다. 거래소 담당자 역시 내부에서 한참 졸병이라, 이리 치이고 저리 치이는 데 그나마 회사한테서 만큼은 대접까지는 아니더라고 대우는 받고 싶은 심리가 있겠지요. 아무리 나이 어린 담당자라도, 그리고 회사 측은 임원이라 할지라도, 상황에 따라서는 고개를 숙여야 합니다. 너무 티 나지 않고 아주 적절한 수준으로.

거래소에서 민감하게 보는 것

지주회사전환에 가장 민감하게 보는 부분이 세 가지가 있는데 그 중 하나가 모회사-자회사 간의 거래입니다. 이때 거래소는 자회사들의 매출 이익 등에 대한 정보는 물론이고 모회사와의 어떤 거래가 얼마 일어나고 얼마의 이윤을 버는지 등을 집중해서 봅니다. 또 자회사 투자, 대출, 지급보증 등도 매우 면밀하게 따져 들고 해명해야 합니다. 이런 거 찝찝하면 분할 안 하는 게 좋습니다.

두 번째가 주총 특별결의 통과할 만큼 우호지분이 충분한가 입니다.

거래소 입장에서는 분할을 승인 했는데 분할이 통과되지 않으면 마치 승인해주지 말아야 할 것을 승인해준 꼴이 되어 이 부분에 대해 매우 면밀하게 봅니다.

세 번째가 임원들 특히 총수의 보수한도와 적정한 보수 평가입니다.

코스닥회사의 경우 매출은 100억인데 사장월급이 80억 인 경우가 있었답니다. 이런 곳은 상장이든 재상장이든 승인을 거의 해주지 않습니다. 또 오너 사장 월급은 10억인데 부사장월급이 1억이면 이 또한 승인이 어렵습니다. 보수라는 명목으로 회사의 이익을 빼돌린다고 판단하는 겁니다. 저희도 이것 때문에 아주 애먹었습니다. 그 동안 임원평가기준이 없이 급여가 지급되었기 때문인데, 그래서 '앞으로 이렇게 하겠다.'는 계획서 내고 넘어 갔습니다.

이 부분은 저희만의 문제인지는 잘 모르겠습니다. 아마도 아닌 것 같습니다. 우리나라 회사들이 의외로 총수가 자기 월급을 맘대로 책정하고 맘대로 가져다 씁니다. 거래소 입장에서는 가장 있어서는 안 될 사항이지요. 그런 회사 잘못 상장 시켜줬다 언론에서라도 다루면 여론에 가장 민감한 공공기관, 공기업들로써는 큰 문제가 터지는 것이거든요. 중요합니다.

일반적으로 동아제약처럼 큰 회사를 재상장 안 시켜주기도 사실 거래소 입장에서는 매우 힘든 일이긴 합니다. 그러나 여럿의 교수들이 심사를 하는 위원회를 거쳐야하기 때문에 안 될 가능성도 완전배제 할 수 없었습니다. 그래서 거래소 담당자가 필요하다고 하는 자료라면 무조건 다 줬습니다. 회사 내부에서는 반발도 있었고 특히 M&A 같이 상대방이 있는 경우 자료노출이 불가능한 것들도 있었는데 이런 경우 협박을 해서 받아내기도 하고 그래도 안 되는 것은 IB하고 잘 의논해 핑계를 만들거나 사정사정해서 겨우 비켜갔습니다. 이런 일은 실무자가 할 수 있는 일이 아니죠. 꼭 CFO 정도는 나서줘야 합니다.
그렇게 약 2달 동안 고생하다가 드디어 이사회 한지 거의 두 달 만에 승인을 받았습니다.

이제 금감원
상장예비심사에 통과하면 이제 증권신고서를 공시합니다. 이때부터는 금감원 소관입니다.
증권신고서를 공시하고 나면 2주 후부터 그 신고서가 '효력

'발생'되고 그리고 나서야 투자설명서 제출을 통해 투자를 권유할 수 있습니다. 증권신고서가 미비하거나 문제가 있으면 금감원에서 정정요구를 합니다. 사실 한두 번 정도는 정정을 각오해야 합니다만, 자칫 주요 공시사항을 정정하게 되면 효력발생이 정정된 날부터로 연기 될 수 있습니다. 증권신고서가 공시되면 2주후에 효력발생이 되고 효력발생이 돼야 투자설명서를 작성해 배포할 수 있습니다. 수정사항이 많이 생겨 수정을 많이 했지만 다행히 '주요한 정정' 은 아니어서 효력 발생하는 시간에는 영향을 미치지 않았습니다. 그래서 투자설명서를 다시 공시하여 큰 산 세 개중 두 개를 넘게 되었습니다.

{큰 산 세 개 1. 거래소 예비심사승인 2.금감원 투자설명서 승인 (정확하게 말하면 정정 없이 잘 넘어가는 것) 3. 주총}

여기서 저는 대단히 심하게 헷갈렸습니다.

첫째, 왜 투자설명서 공시가 또 필요하냐는 거죠. 어차피 신주를 발행하는 것도 아니고 기존주주들이 그냥 원래 가지고 있던 주식을 두 회사의 주식으로 바꿔 갖는 개념인데. 설사 그걸 투자개념을 이해한다고 해도 증권신고서로 충분한데 왜 투자설명서를 따로 내야하는 겁니까? 만약 주주들이 증권신고서를 보고 마음에 안 들면 주총에서 반대하면

218

되는 개념이지 투자를 하는 개념이 아닌데도 불구하고 왜 투자설명서를 굳이 강요하는지 모르겠다는 겁니다.

사실 증권신고서와 투자설명서의 내용이 거의 같습니다. 제출하는 곳도 모두 금감원입니다. 실제적으로 너무 많은 자료들이 공시되니 정작 투자가들이 봐야할 것들이 모두 물타기되어 묻혀버리는 결과가 생겼습니다.

미국의 경우 ISS에 제출되는 자료가 매우 간단하고 명료하지만 핵심을 찌르게 만들었습니다. 그야말로 주총당일 날 어떤 안건들이 있는지 그리고 각 안건사항에 대해 부연설명을 하게 되어 있습니다. 그 복잡한 투자설명서나 증권신고서를 볼 필요가 없는 거죠

이번 경우도 자료가 너무 방대하고 중요한 것이 결국 묻히게 되어있어 주주들이 어차피 다 읽어보지 못하게 만들었고 그러다 보니 ISS에서는 찬성하고 몇몇 한국 주주들은 반대하는 결과가 나온 것인지도 모르겠습니다. (*ISS – 미국 의결권행사 권고 기관 : 투자가들이 모든 주총의안에 대해 이해하기 힘들고 특히 외국회사의 경우 더 더욱 힘들기 때문에, 전담해서 분석하고 자신들의 의견을 전달한다)

주총과 특별결의

분할은 주총 특별결의 사항입니다. 합병처럼 가치가 변하는 것이 없기 때문에 반대할 경우 매수청구권이 없습니다. 합병의 경우 반대하면 매수청구권이 생겨 돈을 받을 수 있기 때문에 반대가 많을 수 있습니다. 그러나 분할의 경우는 있는 것을 쪼개는 것이라 대부분 큰 우려가 없고, 따라서 반대하는 경우는 별로 없습니다.(물론 동아제약case는 예외가 되었지만)

분할승인을 위해 임시주총을 해야 하고 주주들을 소집해야 합니다. 따라서 주주총회 소집공고 공시를 해야 합니다. 소집공고는 주총 2주전까지 해야 하나 우리는 넉넉히 3주전에 했습니다. 사실 금감원 주요 정정요구가 생길 수도 있어서 넉넉히 잡아났는데 그러지 않아서 넉넉히 공시와 자료를 보낼 수 있었던 겁니다. 아 맞네요. 깜박한 것이 있는데, 바로 주주명부 폐쇄를 해야 하는데 이것은 주총 최소 3주전까지 해야 합니다.

그렇지만 저희는 좀 특별한 방법으로 분할을 했고 왜 이슈가 됐는지 설명하겠습니다.

주총준비와 의결권 전쟁

전 분할관련 주총을 통해 몇 가지 새롭게 깨달은 것이 있습니다.

첫째, 특별결의사항의 경우 기권도 반대다.

둘째, 주총꾼의 역할이 매우 다양하다.

셋째, 한국은 역시 정치현황이 중요하다.

주총준비를 쉽게 생각했습니다. 사실 사전에 분할에 대해 이미 다 발표했고 특별한 반대 의견들이 나오지 않았기 때문에(거기다가 실적도 좋아 주주들이 좋아할 거라 생각했기에) 넋 놓고 있었습니다. 그런데 주총 약 한달 전 증권신고서가 공시되고 그것을 본 연모 뉴스에 "박카스 사업을 대주주의 아들에게 헐값으로 매각하려는 의도의 분할이다"라는 기사가 나오면서 전쟁이 시작되었습니다. 분할 구도가 일반적으로 사업자 회사에서 분할되어 나온 부분이 자회사가 되고 남아있는 부분이 지주회사가 되는 게 일반적인데, 우리는 사업자 회사가 분할되어 나오긴 했는데 정작 돈 되는 박카스 사업은 지주회사 아래 100% 비상장자회사로 남아있다는 것입니다.

사실 문제가 크게 벌어진 것은 바로 공시내용 때문입니다. (그러니 IR 책임자였던 제가 얼마나 심란했겠습니까?) 증권거래서 내용 중에 박카스를 포함한 일반약품사업의 이익 비중이 80%로 되어있었기 때문에 당연히 80%의 이익을 만드는 사업부는 대주주의 100% 자회사로 만들고 돈 안 되는 사업만 분할하여 일반주주들에게 준다는 취지의 분석들이 연일 기사화 되었던 것이죠.

그런데 실제적으로 공시내용을 잘 살펴보면 일반약품사업의 이익기여도 80%지만 전문의약품 이익기여도도 80%입니다. 그렇다면 둘을 더했을 때 100%가 아니라 160% 가 가능한 이유는 지주회사에서 60% 이상 되는 부분의 적자를 내기 때문입니다. 다시 말해 A 사업이 200 억의 이익을 내고, B 도 200 억의 이익을 내고, 그리고 C 가 100 억의 적자를 낸다고 가정하면 전체 이익은 300 억이니 A 사업의 기여도는 200/300 = 66.6%, B 사업의 기여도도 200/300 이 66.6% 가 되는 희한한 현상이 되는 거지요. 그렇게 되면 그것을 다 이해하지 못한 기자는 '66%의 이익을 담당하는 알짜배기 A 사업은 대주주가 독식하려 한다.'는 기사를 쓰게 되어 있겠지요.

여하간 숫자를 이해 못하는 사람과 싸우는 건 정말 힘들고 벅찬 일이었습니다. 정정공시를 통해 A 사업과 B 사업은 모두 50% 이익기여를 하고 있고 이것에 맞는 가치대로 주식을 분할해서 주니까 전혀 주주가치의 변화는 없다고 설명해도 한번 "대주주흑심"에 꽂힌 여론은 그렇게만 해석하려 들더군요. 거기다 모 소액주주보호 의결권행사 기관에서 '분할 반대' 리포트를 내면서 상황은 완전히 힘들어 졌습니다.

그래서 이때 IR이 힘을 발휘하기 시작했습니다. 그 동안 친분을 쌓아놓았던 애널리스트들에게 우호적인 리포트를 써 달라고 부탁하였고 정말 신기하게도 일주일에 두 건씩 우호적 리포트가 나온 것입니다. 분할되면 주가 오른다는 기치 아래 동아제약을 분석해주는 애널리스트들 반 이상이 리포트를 내주었습니다. 그때 회사에서 IR 팀이 얼마나 칭찬을 받았는지 모릅니다. 지금 생각해도 애널리스트들이 얼마나 고마운지 모릅니다.

또한 여기에 홍보가 힘을 보탭니다. 그 동안 쌓아놓은 기자들과 친분이 이때 힘을 발하는 것이죠.(정말 한국은 인맥사회이고 정(情)의 사회임을 다시 한 번 느꼈습니다) 애널리스트 리포트를 인용하여 우리의 입장을 잘 조명한 분석기사들, 인터뷰기사 등을 쏟아내기 시작한 겁니다.

그러다가 ISS에서 "이건 주주가치가 훼손되는 사항이 아니다"라고 의견을 내면서, 이것을 인용한 여러 신문기사들이 뜨고 상황이 완전히 반전되는 듯 했습니다. ISS가 미국에서 제일 큰 의결권 행사권유기관이기도 하고 그 이유가 매우 설득력 있고 논리적이기 때문에 사실 기자들도 반박하기 힘들었던 것이지요.
사실 이 모든 기사로 결국 10%를 들고 있는 국민연금의 마음이 우리 편으로 굳혀지길 원했습니다. 어차피 국민연금만 반대하지 않으면 몇몇 소액주주들은 문제될게 아니었으니까요.

그러나 국민연금은 내부적으로 결정을 내리지 않고 외부의 위원들에게 결정을 맡겨버렸습니다. 그래도 우리는 당연히 위원들이 찬성할 것이라 생각했습니다. 당시 여론이 상당히 호의적으로 변해가고 있었기 때문이었고 특히 까다롭기로 소문난 외국인들 특히 ISS의 결론이 Yes인데 반대할 것이라고는 생각도 못했던 거죠.

그러나, 경제민주화의 힘은 강했습니다. 당시 우리나라의 정치 분위기가 일단 대주주이익에 관련된 모든 사항에 대해서는 근본적으로 나쁜 눈길로 보는 것입니다. 임시주총 4일 전, 국민연금은 결국 반대 입장을 천명했고, 회사 특히 IR 팀은 망연자실하게 되었습니다.

국민연금의 의견이 중요했던 이유가 그들이 지분을 많이 가지고 있어서이기도 하지만, 다른 기관들 특히 국민연금에서 위탁 받아 돈을 버는 많은 운용기관들이, 국민연금의 결과를 보고 결정하겠다고 했기 때문입니다. 따라서 국민연금이 반대하면 다른 기관들도 따라서 반대할 게 뻔했습니다.

그런데 반전이었습니다. 그때 실적발표를 하고 NDR 을 하는 중이었는데 의외로 몇 개의 기관에서 찬성위임장을 주는 것이었습니다. 그러면서 점 점 더 많은 기관들이 의외의 찬성 위임장을 보내주거나 반대할 줄 알았던 기관들조차 최소한 참여하지 않는 쪽으로 하겠다는 것입니다. 그들도 국민연금의 반대(정확하게 이야기하면 위원회를 구성하는, 주식시장에 대해 잘 알 리 없는 외부 인사들의 반대)는 그들이 생각해도 납득이 가지 않고 그러다 보니 회사에 동정심이 일었나 봅니다.

그때 저의 개인적인 인맥도 꽤 힘을 발휘했는데 K 생명의 CIO 와 변액자산 운용팀장에게서 위임장을 받을 수 있었고 게다가 자회사인 K 자산운용사가 공시까지 해주었습니다. (사실 많은 운용사가 찬성을 해줘도 언론의 조명을 받는 것은 싫은 분위기였고 이런 용기(?)는 사실 동아제약 입장에서는 큰 힘이 되었습니다. 이 공시가 나가자 신문들이 '기관들이 국민연금과는 다른 목소리를 내기 시작했다'는 식의 기사를 냈고 이런 분위기에 힘입어 정말 많은 기관들이 의결권을 보내주었습니다.(이런 수많은 역경이 있었다는 사실을 윗분들이 알까 모르겠습니다) 그리고 회장님과 친분이 두터웠던 그 회사의 회장이 찬성만 해준다면 사실 게임은 끝나는 것이었는데 정말 막판까지 그러니까 월요일 10 시 주총인데 금요일 5 시까지 아무런 언질이 없었습니다. 그리고 결국 5 시에 찬성한다는 기사를 내도 좋다는 언질을 받았고 6 시쯤 "J 사 분할 찬성, 분할 가능성 100%" 라는 식의 기사가 나가게 되었습니다.

그 주 주말은 정말 달콤했습니다.

주총당일

주총당일 날에 수많은 기자들이 왔습니다. 이미 이긴 게임이지만 그래도 긴장을 놓을 수 없었습니다. 수많은 주총꾼들이 입장했고 네비스탁 관계자들, 그리고 반대파로 추정되는 회사의 대리변호사 등이 참석했습니다.

일반적으로 주총은 한 시간을 넘지 않는데 이번에는 거의 두 시간이 넘게 걸려 진행됐습니다. 새로 선임된 대표이사는 반대의견들을 모두 들어주었고 모든 의견들을 다 수용하는 아주 부드러운 진행을 선택한 거죠. 처음부터 반대했던 의견들을 모두 청취하고 표 대결로 가고, 정말 선진국의 주주총회 못지않은 정석의 주주총회였습니다.

여하간 그렇게 주총은 끝나고 분할 안이 통과하게 되었습니다. (저는 이번 주총을 보면서 만약 의장 즉 대표이사가 조금만 노이즈를 견디고 주주들의 반대의견을 듣는 것을 겁내하지 않는다면 주총꾼들이 설 땅이 없어질 거라 생각했습니다. 사실 회사가 떳떳하면 아쉬울 것이 없지요. 떳떳하지 않으니까 주총꾼들이 그 밑에서 서식하고 기생하는 것이겠지요)

주총 이후 분할 작업은 한동안 계속 되었습니다. 그 후 2~3년 동안 전환 작업과 안정화 작업은 계속되었지요. 분할 후 IR 자료는 어떻게 작성하나(특히 3~10 까지의 실적이 되고 회사가 세 개로 쪼개지니 어디까지를 알려야 하고 하는 세세한 문제들) 또 언제 발표하나 등의 세부적인 고민들이 많았습니다. 물론 하나씩 풀어나가야 했고 그렇게 해냈습니다.

우리는 프로페셔널 IRO 이니까요.

부록 2. IPO 생생스토리

(본 내용은 현 K사에서 CFO로 근무하고 있는 정태진 이사가 W사와, N사의 IPO를 진행한 경험담을 BESTIR Cafe에 투고한 글입니다)

I. IPO 준비하기

거래소로 상장심사 통과까지는 특별한 기억이 없어 생략하고 IR자료 작성에서 증권신고서 제출까지 인상 깊었던 것을 몇 자 적어봅니다. 먼저 증권신고서에 대해 말하면 IPO를 하려는 기업의 법적 구속력 있는 공식적인 첫 활동이 바로 신고서 제출입니다. 여기에는 발행사(IPO하는 회사)에 대해 부정적이든 긍정적이든 모든 것을 솔직하게 투자자에게 설명해야 합니다. 그렇지 않은 경우 거짓사실기재에 따른 법적 책임을 지게 될 수 있습니다.

증권신고서상 가장 중요한 사항은 뭐니 뭐니 해도 공모가 밴드입니다. 이는 발행사, 금감원, 주관사의 이해관계가 첨예하게 얽혀있기 때문입니다. 발행사는 공모가격을 높이려 하고, 금감원은 소액투자자보호를 위해 공모가를 낮추려 하고, 주관사(일반적으로 증권사)는 일반적으로 발행사 입장에서 금감원을 설득하지만(공모가가 높아야 인수 수수료를 많이 받습니다) 하지만 시장이 안 좋을 땐 총액인수 우려 때문에 금감원의 입장에 서기도 합니다.

공모가 산정은 대개 상대가치평가로 이뤄집니다. 기업가치 산정 즉 Valuation에 관심 있는 분들을 위해 좀 더 구체적으로 설명하면 유사기업들의 PE multiple을 구하려면 유사기업들의 주당순이익(EPS)과 주가를 구해야 하는데 상반기 실적을 연환산해서 총발행 주식수로 나누어 EPS를 구하고, 증권신고서 제출 시 주가를 EPS로 나누어 PE multiple을 산정합니다. 다음으로 IR 자료 제작에 대해 이야기해 보겠습니다. 증권신고서가 법적 공식문서라면 IR 자료는 기관투자자의 투자의사결정을 돕기 위한 비공식적 설명자료 입니다. 따라서 바쁜 매니저들에게 짧은 시간(20-30분)내 왜 회사에 투자를 해야 하는지와 증권신고서의 핵심사항을 설명해 주는 내용으로 구성되어야 합니다. 이번에 저희가 만들었던 IR 자료 목차구성은 아래와 같습니다.

1.회사개요 2.산업현황-최근 동향 포함 3.회사의 핵심경쟁력, 경영성과 및 Vision 소개 4.IPO 개요 및 요약 재무제표

개인적으로는 IR 자료를 얼마나 잘 만드냐에 따라 IPO IR 활동의 절반이 결정된다고 말하고 싶습니다. IPO가 성공하기 위해선 기관투자자의 수요예측결과가 중요한데 바로 IR

자료가 매니저들의 투자의사결정의 기초가 되기 때문입니다. 저 역시 IR 자료를 만들기 위해 회사 경쟁력 자료뿐만 아니라 여러 증권사의 산업리포트, 산업관련 리서치기관 자료, 유사기업 분석자료 등 많이 참고해서 만들었습니다.

II. 실전돌입

자 이제 신고서와 IR 자료를 가지고 실전 IR 활동을 했던 경험을 나누겠습니다.

자본시장통합법(이하 자통법)상 증권신고서를 내고서 15 일이 경과해야 효력이 발생되므로 원칙적으로는 15 일 이후 IR 활동이 가능합니다만 실제로는 신고서를 내고서 바로 IR 활동을 시작합니다. 이는 신고서 제출 시 예비투자설명서도 같이 내는데 이 예비투자설명서가 법적으로 IR 활동을 가능하게 해 줍니다.

IR 활동은 제조회사의 경우 보통 애널리스트를 대상으로 공장견학을 먼저 시작하는데 이는 시장의 오피니언 리더 opinion leader 인 애널리스트들에게 회사를 소개함으로써 우호적인 관계를 맺기 위해서입니다. 그러나 IR 활동의 핵심은 기관투자자와의 1on1 meeting 입니다. 기관투자자는 주로 자산운용사를 말하며 운용사내에서 IPO 에 참여하는 펀드들을 대상으로 합니다. 보통 IPO 참여펀드들은 상장직

후 매도함으로써 이익을 실현하기 때문에 Valuation 관련 질문을 많이 합니다. 주로 공모가가 유사기업 PE(X) 대비 얼마나 할인됐나에 관심이 많습니다. 물론 일반펀드들도 IPO에 참여합니다만 제가 이번에 만났던 기관들 중 90%는 IPO 펀드였고 상장직후 1주일 내 60%가 매도해 이익 실현했습니다.

약 10일 정도의 1on1 미팅(기관투자가들을 각 기관별로 만나는 활동)을 끝내고 나면 기관투자가들을 대상으로 수요예측을 하게 되는데 이게 굉장히 중요합니다. 왜냐면 수요예측결과 경쟁률이 일대일이 넘지 않으면 IPO를 포기해야 합니다. 왜냐면 공모신주의 60%를 기관에 배정하는데 기관들이 사지 않는 주식을 개인들은 당연히 사지 않기 때문입니다. 제가 IR 활동할 때는 유럽 발 금융위기 등으로 투자심리가 얼어붙었기 때문에 수요예측(Book Building)결과를 기다릴 때의 심정은 밤잠을 설칠 정도로 이루 말할 수 없었습니다. 다행히 Book(모집하는 주식수량)이 다 찼고 개인투자자 대상으로 청약경쟁률도 높게 나와서 상장을 할 수 있게 되었습니다.

또 한 가지 중요한 것은 수요예측 결과에 따라 공모가가 결정됩니다. 이는 시장의 수요에 따라 결정되는데 신고서 제출 시 제시했던 공모가 상단과 하단을 벗어날 수 있습니다. 공모가 밴드 상단에서 결정되려면 적어도 모집수량 Book 의 20 배 이상은 주문을 해야 합니다.

III. 공모가 확정 및 청약

이제 수요예측결과를 놓고 공모가를 확정하고 청약신청을 받는 것에 대해 이야기해 보겠습니다.

발행사는 수요예측결과를 놓고 공모를 철회할 것인가 그대로 진행할 것인가를 결정하게 됩니다. 만약 철회한다면 6 개월 내 다시 증권신고서를 제출하고 수요예측을 한 번 더 기대할 수 있으나 6 개월이 지나면 거래소 상장신청부터 다시 시작해야 합니다. 저희의 경우 수요예측 결과는 마음에 들지 않으나 향후 시장이 좋아진다는 장담도 없고 해서 수요예측결과를 그대로 수용하기로 했습니다. 역시 IPO 는 시장이 좋을 때 하는 게 최선이라는 걸 몸으로 느꼈습니다. 이렇게 해서 공모가를 확정하게 되면 공모가 확정공시를 하게 되고 이때 주관사 및 인수전과 총액인수계약서를 체결합니다. 그리고 나서 청약을 받게 됩니다. 기관투자자들은 수요예측 때와 달리 청약을 포기할 수도 있으므로 총액인수 부담을 안게 되는 주관사는 인수 수수료를 높이는 등 발행사와 신경전을 벌입니다. 저희도 기관들의 청약 불참 우려

때문에 수수료를 올려줬습니다. 참고로 청약을 포기한 기관
은 향후 6개월 동안 수요 예측을 못하게 됩니다. 개인투자
자 청약은 2일 동안 받게 되는데 첫째 날은 경쟁률이 저조
합니다. 둘째 날에 청약경쟁이 시작되는데 그것도 오후 2
시부터 3시 반에 집중됩니다. 또한 개인투자자는 우리사주
청약이 100% 완료되었는지를 많이 물어봅니다. 직원들도
사지 않는 주식을 개인투자자들은 부담을 느끼나 봅니다.
저희의 경우 우리사주 100% 청약 완료했고 개인투자자 청
약경쟁률도 높게 나와서 IPO 하면서 첨으로 맘 편히 잠을
잤던 것 같습니다.

Ⅳ. 상장 및 최초가 확인

거래소 상장심사에서부터 증권신고서 제출, 수요예측 및 청
약을 마치고 드디어 상장식을 치르게 되었습니다. 약 3개
월간의 고생을 마치고 상장식을 치르고 최초가격을 확인하
는 순간이 제일 뿌듯했던 경험이었습니다.

먼저 상장신청절차에 대해 말하자면 청약 후 주금납입이 이
뤄지고 등기절차를 마치게 되면 상장신청을 하게 됩니다.

절차적인 문제에 대해서는 주관사와 법무사들이 전문가이므
로 그들과의 협조 하에 하나씩 진행하시면 됩니다. 한 가지
중요한 것은 발행사는 회사의 현금흐름 관점에서 납입일을

결정한 다음 IPO 일정을 수립하게 되므로 향후 IPO를 계획하시는 분들은 납입일을 언제로 하는 게 좋은지를 사업계획 세울 때 고려하는 게 좋을 것 같습니다.

상장신청 후 보통 3-4일내 상장하게 되고 최초 거래일 당일 오전 9시에 상장기념식을 치르게 됩니다. 이때의 하이라이트는 최초가 확인식이라 해도 과언이 아닌데 최초가는 공모가 기준으로 위로 200%까지 아래로 90% 범위 내에서 동시호가 때 결정됩니다. 이때에는 각종 언론기관들의 관심이 집중되므로 최초가격이 높게 형성 되는 것이 아무래도 좋겠죠. 다행히 전날 유럽, 미국시장 투자심리가 호전되어 그런지 최초가격은 괜찮았습니다.

돌이켜 보면 힘들고 어려웠던 시간이었지만 오히려 그 과정을 통해 돈 주고 살수 없는 값진 경험을 할 수 있어서 참으로 감사했습니다.

부록3. 주총 Timetable과 공시 프로세스

주요가정: 12월 결산 기업 / 3월 16일 주주총회실시
**공시해야 할 내용은 언더라인*

12/15

- <u>주주명의 개서 정지 공시</u> : 폐쇄일 기준 2주전 (패쇄일은 12/31일)

*참고: 2011 의 경우 27일 날 까지 보유하면 주주. 하루만 보유하고 주주가 되려면 27일 에 사서 28에 팔면 됨

12/19

- <u>주식배당 결정 공시 – 사업연도말 10일전 (주식배당이 있을 경우) 여기까지는 주총일과 관계없이 12월 결산 법인이면 다 해당됨</u>

- <u>주총을 3월 16일 한다고 가정 (우리 회사는 항상 3월 셋째 주 금요일로 정해놓음. 천지개벽이 나기 전에는 안 바뀜)</u>

- 사외이사 후보 추천 자문위원회 소집

    - 자산 2조이상일 경우 위원회가 있어야 함 (우리 회사는 자산 2조가 안되지만, 될 날이 많이 안 남아 자발적으로 설치함)

    - 사외이사후보는 이사회 이전까지만 확정하면 됨 (자문위원회에서는 후보를 추천해달라고 부탁하는 자리임)

- 1.25 결산 이사회 및 외부감사 의뢰 (내부적으로 회계가 마감되어야 한다는 이야기)

    - 별도 재무제표 기준으로는 주총 6주전 까지 끝내야. 연결기준으로는 주총 4주전 까지 외부감사에 의뢰 필요. 이를 위해 이사회에서 확정

    - 내년부터는 상법상으로도 연결재무제표기준으로 6주전까지 회계 마감해야 함

    - <u>이때 30% 변경공시 필요한지 꼭 확인 - 마감된 회계결과 중 매출, 영업이익, 당기순이익중 하나라도 30% 이상 변경되면 30%변동 공시를 해야 함</u>

2/6

- 사외이사 후보 추천 (자문위원회) 법적인 것은 아님 (어떤 방법이든 이사회 전까지 사외이사 후보 채택 필요)

2/10

- 실적발표회 (법적으로 해야 하는 것은 아니나 많은 상장사들이 하고 있음. 날짜는 물론 다를 수 있음)

- 공정공시 필요 (매출, 영업이익, 세전이익, 당기순이익 수위는 회사가 결정 하되 분기실적 발표 자료에서 공표하는 수준까지는 공시)

2/17

- 상정의안확정 (이사회에 올릴 주총안건 내부적으로 확정)

- 주총의장 작성 완료 (내부적)

2/23

- 주총관련 이사회 – 주총 2주전에 소집공고를 내야하기에 그전까지 이사회에서 안건 확정 필요

    - 따라서 사실 3/16일 2주전인 3/3일까지 이사회를 해도 되나 여러 가지 작업(인쇄, 의결권확보 등) 때문에 넉넉히 함

    - <u>주총 소집공고 공시 (주총 안건 중에 하나이므로 이사회 결정시 공시가 필요)</u>

    - <u>현금배당 공시 (주총 안건 중에 하나이므로 이사회 결정시 공시가 필요)</u>

2/24

- 소집통지서, 영업보고서, 주주명부확정 인쇄

    - 소집통지서 – 법적으로 주총 2주전에 발송해야 함

    - 영업보고서 – 주총 1주전까지 본점과 지점에 비치하려면 이 즈음에 인쇄가 들어가야 함 (거꾸로 이야기하면 이때까지 나올 수 있도록 준비해두고 있었어야 함, 특히 대표이사 인사말은 빨리 준비하

면 준비할수록 이익)

■ 주주명부인쇄 – 주총 3주전 정도에는 해야 차질 없이 할 수 있음 (주총까지 주주명부열람 가능하게 해야 함)

2/29

● 주주총회 소집공고 (일반적으로 일간지 등에 하나 홈페이지에 가능. 단, 정관에 홈페이지에 하겠다고 되어 있어야 함)

● 주주총회 소집통지 및 공고사항 송부, <u>참고서류 (안건에 대한 설명 등이 있음) 공시</u> (참고서류를 피권유자를 위해 5일전에 공시해야 의결권행사를 권유할 수 있음)

● 주주명부 및 영업보고서 입고 지점에 발송

■ 의결권 대리행사 즉 예탁원에 주식을 빌려 의족수를 채우는 일은 2017년까지 활용할 수 있으니 그때까지는 의족수가 모자를 가능성이 있을 때 활용 가능. 이때 대리행사는 shadow voting 즉 찬성도 반대도 아닌 투표로 사용.(만약 찬성이 60%, 반대

가 40% 이고 빌린 주식이 10,000주라면 빌린 주식 중 6000주는 찬성에 포함되고 나머지 4000주는 반대에 자동 포함) 쉐도 보팅 제도를 폐지하는 것은 전자투표 활성화 방안

*의족수 – 주총안건결의 필요한 최소의 주식수: 보통결의 발행주식수의 1/4 특별결의는 1/3
*보통결의냐 특별결의냐 하는 건 상법 참조

3/8

- 감사보고서 수령 및 공시. 감사보고서를 받으면 받았다고 공시해야 함. 공시양식(form)이 있으니 거기에 맞춰서 하면 됨

- 주총 1주전까지 감사보고서를 받아야 함(외부감사법인의 의견을 받는 날)

  - 감사보고서 수령 시 공시(공시form 에 감사의견, 매출, 손익결산 등의 기본적인 내용을 쓰게 함)

  - 만약 기존에 공정공시(실적발표회 때문에 했던 것)를 했으면 손익변경이 있을 때 따로 정정 공시를 해야 함

3.15

- 모의주총 (대표이사 주관)

- 의결권 대리행사 위임장 수령 (주총을 위해 준비)

3.16 (D-Day)

- 주총

- 주총결의사항 공시

- 이사회 (사외이사, 대표이사 변경 공시, 필요시)

- 이사회결의 사항 공시

부록4. 여행 및 이동시 숙지 사항

홍콩 및 싱가폴은 비자가 필요 없으므로 여권으로 입국이 가능하다. 그러나 여권만료일은 한번 Check 해볼 필요가 있다. 만약 유효기간이 6개월 미만이라면 갱신해야한다. IR 담당자가 많이 낭패를 보는 경우가 바로 이런 준비에 소홀히 할 때 이다. 완벽한 자료와 Q&A 그리고 Targeting으로 완벽한 준비를 해놓고 결국 입국을 하지 못해 돌아온다면 그 얼마나 황당하고 슬픈 이야기겠는가. 어쩌면 실무자의 능력은 이런 자잘한 risk 관리를 못한 것에서 판가름 날 수도 있으니 그런 억울한 일을 겪지 않으려면 여행에 관련된 상세한 준비 또한 간과해서는 안 된다.

특히 임원을 대동하게 될 때 그가 주로 이용하는 항공이나 좌석 같은 것을 미리 여행사에 통보해두고 여행할 때 원하는 좌석에 앉아 여행하게 하면 IR 담당자들에 대한 좋은 느낌을 갖게 되므로 NDR을 좀 더 쾌적하게 할 수 있을 것이다. 사실 NDR은 아주 피곤할 수 있는 활동이므로 쉽게 짜증이 나거나 불쾌함을 드러낼 여지도 있다. 따라서 아침 식사 시간부터 모두들 수월하게 준비할 수 있도록 준비해야한다.

특히 시간약속을 철저하게 지키고 특히 직급이 낮을수록 상사들을 기다리게 하면 분위기가 험악해질 수 있으므로 이동 시 언제나 약속시간에 남들보다 5~10분쯤 일찍 나와 미리 준비하고 있는 것이 좋다.

또한 미팅 시 만나는 대상이 현재 회사의 주식을 보유하고 있는 주주인지 아닌지 얼마나 자주 미팅을 한 사람인지, 과거 미팅에서 특별히 불만이나 관심사항을 표출한 게 있다면 숙지하여 상사에게 미팅 전에 잠시 귀띔해주면 미팅을 운용하는데 큰 도움이 될 것이다.

상사 입장에서도 각 팀원들이 logistic과 같은 비핵심적인 부분에 너무 마음을 뺏기지 않도록 편안한 분위기를 만들어줄 필요가 있다. 만약 팀원이 비핵심적인 부분에 신경을 쓰느라 정작 투자자의 미팅에서 횡설수설하거나 원하는 메시지를 제대로 전달하지 못하고 미팅이 끝났다면 결국 회사의 손해일 수밖에 없다. 결국 NDR 역시 얼마나 팀워크가 잘 이루어지느냐에 승패가 달려있다고 해도 과언이 아니다.

부록5. NDR/Conference시 체크리스트

Logistics

__ 참석자들을 미리 정하고 항공편과 숙박은 차질 없이 예약되었는가.

__ 날씨 등을 확인하고 기상 변수들을 고려하여 이동시 차질이 생길경우 대안을 마련해두었는가? (특히 미국의 경우 겨울에 눈으로 비행기가 연착되는 경우가 많이 생김)

__ 여권 및 visa 만료일 등을 확인하여 여행에 차질이 생기지 않게 확인하였는가.

__ NDR하고자 하는 기간 동안 큰 Deal 이나 휴가 등으로 인하여 미팅수립에 차질이 생길 가능성은 확인 하였는가

__ 기타 여행에 유용한 보조기구 등을 잊지 않았는가.
예) 전기 adaptor, 핸드폰충전기, 귀마개(장거리 비행 시 귀를 막으면 피곤을 많이 줄일 수 있음)

수월한 미팅을 위한 준비자료 및 기기

__ PT 자료는 충분히 검토 되어 Deadline 전까지 완료할 수 있는가

__ 각 장표 설명 시 나올 수 있는 질문들을 충분히 예상하

고 답변을 준비했는가.

__ 혹시 투자자들에게 보여줄 수 있는 제품이나 부연자료들을 준비했는가.

예. 웅진코웨이의 경우 해외 투자자가 비데가 뭔지 잘 몰라 직접 비데를 들고 다니며 미팅을 했다고 함. LG전자도 신형핸드폰이 나올 때 마다 지참하여 보여주었음.

__ 기타 필요한 tool 들을 준비했는가.

예) 명함(의외로 많이 놓침), 계산기(해지펀드등과 미팅 시 매우 유용함), 노트북(실무자라면 Q&A 정리용으로 준비필요)

__ 정보가 필요한 경우 해당 사업팀의 담당자 연락이 가능한가. (사업팀 담당자 직통번호 챙기기)

부록6. IR담당자 성과평가표(안)

평가 항목		
대주제	평가 내용	비고
I 산업에 대한 insight		
산업성장	회사가 속한 산업의 과거 2~3년간의 성장률을 설명할 수 있으며 앞으로의 전망을 합리적으로 예상할 수 있는가. (특히 좋아질 수 있는 근거를 설득력 있게 필요한 Data 나 논리 등을 활용하여 피력할 수 있는가)	
경쟁현황	산업의 경쟁현황과 회사의 주요 경쟁사들의 최근 상황을 파악하고 또한 우리 회사의 실적에 미치는 영향을 유추해낼 수 있는가	
주요이슈	최근 회사가 속한 산업의 주요 이슈는 무엇이며 그것이 회사에 미치는 영향에 대해 설명할 수 있는가?	
Value Chain	회사의 주요 관계사(원료 납품사, 주요 Buyer)들의 최근 상황을 파악하고	

		특히 우리 회사의 실적에 미치는 영향을 유추해낼 수 있는가	
II	실적에 대한 insight		
	연간실적	회사의 과거 2~3년간 매출성장 추세를 설명할 수 있으며 앞으로의 전망을 합리적으로 예상할 수 있는가	
		그 기간 동안 매출 성장률에 미친 주요 영향들이 무엇인지 설명할 수 있는가	
		회사의 과거 2~3년간의 영업이익률 (원가율, 판관비율) 추세를 설명할 수 있으며 앞으로의 전망을 설명할 수 있는가	
		그 기간 동안 마진 변화에 미친 주요 영향들이 무엇인지 설명할 수 있는가	
		회사의 과거 2~3년간 사업부별 매출성장 추세를 설명할 수 있으며 앞으로의 전망을 설명할 수 있는가	
		회사의 과거 2~3년간 사업부 주요 제품별 매출 성장 추세를 설명할 수 있으며 앞으로의 전망을 설명할 수 있는가	

		회사의 과거 2~3년간 사업부별 이익률 추세를 설명할 수 있으며 앞으로의 전망을 설명할 수 있는가	
	분기별 실적	회사의 과거 2~3년간 사업부 주요 제품별 마진 추세를 설명할 수 있으며 앞으로의 전망을 설명할 수 있는가	
		회사의 과거 2~3분기의 영업이익률(마진) 추세를 설명할 수 있으며 앞으로의 전망을 설명할 수 있는가	
		그 기간 동안 마진 변화에 미친 주요영향들이 무엇인지 설명할 수 있는가	
		앞으로 회사의 2~3분기 간 매출 성장추세를 예상하고 그 이유를 합리적으로 설명할 수 있는가	
		회사의 과거 2~3분기의 영업 이익률(마진) 추세를 설명할 수 있으며 앞으로의 전망을 설명할 수 있는가	
		팀장은 팀원들이 재무사항을 명확하게 판단할 수 있도록 교육 등을 통해 역량강화를 하고 있는가	관리자

III	국내외 투자자 관리역량		
250	DB 관리 및 효과적 활용	회사의 주요관리 대상 투자자들은 누구이며 이유는 무엇인지 알고 있는가	
		효과적인 NDR 을 위해 투자자 DB 를 잘 관리하고 있는가 (국내. 해외)	
		미팅시 (NDR 또는 내방) 미팅경험이 있는 투자기관인지 투자자인지를 명확하게 파악하고 반응 하는가	
		NDR 또는 Conference 시 누구에게 미팅 Priority 를 줘야 하고 그 이유를 설명 하는가 또 그렇게 했는가)	target -ing 역량
	개인적 관계	필요시 언제든지 전화를 통해 정보 요청이 가능한 좋은 관계의 투자자가 몇 명이나 있는가	
		해피콜, 오찬, 차한잔방문, 회식 등을 활용하여 적극적으로 관계제고에 힘쓰고 있는 투자자가 있는가 (있다면 몇 명)	
		팀원들이 투자자와 좋은 관계를 구축하기 위해 적극적으로 후원하고 있는가	관리자

IV	애널리스트 관리		
	DB 관리 및 효과적 활용	회사의 주요관리 대상 애널리스트들은 누구이며 이유는 무엇인지 알고 있는가	
		최근 애널리스트 Call (Buy 또는 sell) 여부와 Target price 를 파악하고 있는가 (현재주가에 비해 높은지 낮은지 정도)	
		최근 우리 회사를 Top Pick 으로 정하고 적극적으로 마케팅하고 있는 애널이 누구인지 파악하고 있는가	
	개인적 관계	필요시 전화해서 정보요청이 가능한 좋은 관계의 애널리스트가 있는가 (있다면 몇 명)	
		해피콜, 오찬, 차한잔방문, 회식 등을 활용하여 적극적으로 관계제고에 힘쓰고 있는가 (있다면 몇 명)	
		적극관리 대상들과의 관계제고를 위해 NDR 및 Conference 등을 적절하게 활용하고 있는가	팀장 또는 NDR 관리 담당자

V	내부정보 수집력		
	Data 수집창구 파악	현재 회사 내에서 어떤 data 를 어떤 부서에서 어떤 사람에게 요청하면 되는지 파악하고 관계를 맺고 있는가	
	부서관계	투자자들이 궁금해 하는 문제들을 파악하고 적정부서에 요청하여 자료를 잘 얻고 있는가	
		팀장은 내부정보 수집을 위해 주요부서와의 미팅을 정례화하고 담당팀원과 함께 꾸준히 진행하고 있는가	관리자
VI	PT 작성 및 미팅운용 능력		
	PT 능력	미팅을 하는 투자자들에 대한 주요사항들(AUM, 투자성향, 과거미팅경력, PM 또는 Buy-side 애널리스트 여부)	
		PT 자료를 잘 기획하고 팀원들의 R&R 을 잘 설정 하는가	팀장 or PT 기획담당
		주어진 PT 내용을 잘 만들어 내는가	
		PT 자료 내용을 충분히 습득하고 내	

		것으로 만들었는가	
	Q&A 능력	내부 정보 중 어디까지 이야기하고 어디까지는 하지 말아야 할지에 대해 적정하게 판단하고 있는가	
		결론부터 이야기하는 두괄식 Q&A 로 미팅을 효과적으로 진행하는지	
		근거 없는 주장, 순환논리로 투자자들을 답답하게 하지 않는가	
		모르는 것을 아는 척 하다가 곤란을 격지는 않는가	
		팀원들의 PT 자료 기획 및 제작능력을 육성하고 있는가	관리자
	영어 PT 능력	영문 PT 작업을 효과적으로 하고 있는가	
		위 내용을 외국인 투자자들에게 잘 전달할 수 있는가	
	영어 Q&A 능력	Q&A 를 외국인 투자자과 막힘없이 해 내는가	
		팀원들 모두 어느 정도의 영어미팅이 가능하도록 육성하고 독려 하는가	관리자

VII	외부정보 수집 능력		
	주주 동향파악	미팅을 통해 얻은 주요 주주동향 등에 대해 중요한 부분을 잘 판단하고 윗사람과 공유 하였는가	
	경쟁사 동향파악	미팅을 통해 얻은 경쟁사 정보 대해 중요한 부분을 잘 판단하고 윗사람과 공유 하였는가	
	시장 동향파악	최근 주식시장의 움직임에 어떤 원인들이 있었는지 설득력 있게 설명할 수 있는가	
	회사 주가동향	최근 주가의 움직임에 어떤 원인들이 있었는지 설득력 있게 설명할 수 있는가	
		최근 주가에 움직임에 중요한 원인들을 파악하고 선임에게 신속 하게 전달하였다. (예 공매도세가 강해진다)	
		기관투자자들의 동향에 대해 파악하고 중요한 움직임을 포착하여 전달하고 있음	
		외국인들의 동향에 대해 파악하고 중요한 움직임을 포착하여 전달하고	

		있음	
		주요 투자자들의 동향을 파악하고 있는가 (담당이 있다면 담당 투자기관들)	
		팀장은 위에 사항들에 대해 담당자를 명확하게 지정하고 follow up 을 하고 있는가	관리자

	위의 활동들을 잘 수행하고 있는가	
팀 성과평가	팀 평균 역량은 어느 수준이며 얼마나 개선되고 있는가	
	이러한 활동에 대한 투자자들 및 애널리스트들의 평가는 어떠한가	

IR을 잘한다는 것

지은이 | 지대현

발행일 | 2016년 5월 21일
발행처 | 부코
ISBN | 978-89-90509-47-5   13320

출판 등록번호 | 제22-2190호
출판 등록일자 | 2002.08.07

홈페이지 | www.booko.kr
트위터 | @www_booko_kr

전화 | 010-5575-0308
팩스 | 0504-392-5810

메일 | bxp@daum.net
주소 | 서울 서대문구 북아현동 3-68 부코빌딩 501호

이 책을 복사, 복제, 전재하는 것은 저작권법에 의해 금지됩니다.
Copyrights©All rights reserved.